首批家庭教育指导名师倾力巨献

守护成长

让花成花 让树成树

秦涛 主编

山东人民出版社·济南

国家一级出版社 全国百佳图书出版单位

图书在版编目（CIP）数据

守护成长 / 秦涛主编. -- 济南 : 山东人民出版社,
2025. 7. -- ISBN 978-7-209-15660-8

Ⅰ. G78

中国国家版本馆 CIP 数据核字第 2025QQ1425 号

守护成长

SHOUHU CHENGZHANG

秦涛　主编

主管单位　山东出版传媒股份有限公司
出版发行　山东人民出版社
出 版 人　田晓玉
社　　址　济南市市中区舜耕路517号
邮　　编　250003
电　　话　总编室（0531）82098914
　　　　　市场部（0531）82098027
网　　址　http://www.sd-book.com.cn
印　　装　济南龙玺印刷有限公司
经　　销　新华书店

规　　格　16开（169mm×239mm）
印　　张　12.75
字　　数　117千字
版　　次　2025年7月第1版
印　　次　2025年7月第1次
ISBN 978-7-209-15660-8
定　　价　48.00元
如有印装质量问题，请与出版社总编室联系调换。

《守护成长》

编写委员会

主　　编　秦　涛

副主编　郑　研　杜延霞　张庆跃

编委成员（排名不分先后）

张　芳　张秀丽　孙艳艳　曹志荣　周文清

杨　洋　李海燕　李厚雷　徐　晓　陈宁宁

苏　文　孙付利　孙立华　孙丽娜　翟　杰

王晓娜　杨书铜　陈风苓　赵　鹏　李冬华

石　悦　韩海萍　侯建军　张庆跃　王雪芹

张金慧　禚基娥　马　国　高　献　郑国栋

序

"父母好好学习，孩子天天向上"，这句话的本意是希望父母在教育孩子的问题上能保持开放的态度，虚心听取别人的建议，不偏执任性、自以为是。然而，在国家大力倡导注重家庭、家教、家风建设的背景下，一些社会家庭教育机构却把这句话当成营销的噱头，过分强调父母必须好好学习，否则孩子就无法"天天向上"。这让当下许多年轻父母倍感焦虑，生怕因为自己的能力有限，影响了孩子的前程，于是他们参加各种培训班，下载学习软件，学习管控情绪，学习正面管教，学习激发孩子学习动力等，完全忽略了家庭教育的最大魅力是"行不言之教"！

当下社会对"好家长"的评判标准众说纷纭，但仔细研究中华优秀传统教育思想就会发现：家庭教育的好坏与父母的学历、文化水平，乃至家庭收入并无必然联系。现实生活中，有些父母虽然学历、文化水平不高，经济收入微薄，但只要工作认真勤恳，待人真诚善良，那么，他们对孩子的成长就一定会产生积极、正向的影响。反之，有的父母虽学历高、工作取得一定成绩，却容易用自己的成长经验代替孩子做出选择，不经意间操控了孩子的成长之路；还有的家长虽经济条件优渥，但在对待个人利益得失的问题上，处处透着精明、算计，未必能对孩子成长产生良好的影响。

因此，好的家庭教育需要父母以身作则成为孩子的榜样。这要求父母在日常生活中恩爱包容，各司其职共同营造出和谐的家庭氛围，把平凡的日子过得温馨和睦。这样的家庭才能为孩子终身成长提供源源不断的能量滋养。

近年来，济南市认真贯彻落实党和国家大力推动家校协同育人的相关要求，特别是在"双减"政策和《中华人民共和国家庭教育促进法》颁布之后，我市中小学（幼儿园）积极探索家校社协同育人的有效路径，尝试开展灵活多样的家庭教育指导活动，涌现出许多典型和成功案例。在此基础上，济南市教育教学研究院2024年遴选认定首批家庭教育指导名师（共30人），旨在通过树立典型模范，进一步发挥名师的示范引领作用，推动泉城家庭教育专业化、系列化、科学化发展。

为了提升"济南市家庭教育指导名师"的品牌效应，市教育教学研究院多方搭建平台，通过开展家庭教育优质课例观摩、公益送教、名师论道、城乡教研互动等活动，对家庭教育指导名师团队进行持续的培育和淬炼。组织编写《守护成长》一书，旨在鼓励首批家庭教育指导名师敢于"亮剑"——敢于亮出自己的家教观点、理念，敢于亮出真实的家庭教育指导水平，敢于接受社会各界的监督和检验。

　　本书紧紧围绕使学前、小学、初中和高中等各学段家长普遍焦虑的热点、难点问题，进行严谨的原因分析并解惑答疑。虽然每篇的问题和支招建议各有不同，但整本书的风格一致、互为补充、相互印证，将家庭教育的根本任务和立德树人紧密结合，指导家长从培养孩子的好身体、好性格、好习惯入手，为孩子的终身成长负责。同时，根据孩子的个体差异，兼顾不同的家庭条件、环境等因素，本书希望能引导父母既要看懂孩子的喜怒哀乐，包容孩子的不足，还要懂得挖掘、培养孩子的兴趣爱好。兴趣爱好是激发孩子成长内驱力的重要因素，父母应当因势利导，鼓励、引导孩子做好喜欢的事情，由此获得持之以恒、专注用心、不怕失败等关键能力。这些能力会辐射延伸到孩子学习、成长的方方面面，让每个孩子都能活成自己喜欢的样子。

　　希望更多的家长能从书中获益，掌握助力孩子健康成长的良方，祝愿每一个家庭幸福常驻，温馨和睦！

　　　　济南市教育教学研究院党委书记、院长　刘志华

目　录

目
录

让花成花　让树成树

——养育一个幸福的孩子

　　当我们初为人父或初为人母的时候，都发自内心地希望孩子健康快乐，甚至觉得其他都不重要。但是随着孩子渐渐长大，我们对孩子的期待也越来越高，似乎忘记了最初的心愿，总希望孩子能按照我们所期待的去做。一旦孩子表现出不情愿，就会恨铁不成钢。"父母为了啥，不都是为了孩子好吗？"这会成为很多家长控制孩子的理由。然而，爱如果不能以正确的方式传递，很可能造成伤害，这样惨痛的教训实在太多了。我们需要经常叩问一下为人父母的初心，回到养育孩子的起点，想一想：如何养育一个幸福的孩子？

幸福的孩子要有自己的兴趣爱好

人首先应该是一个充满生机、积极向上的生命体，眼里有光，对生活保持热爱。2024年，电视剧《我的阿勒泰》播出，不仅摘得了首播时段的收视桂冠，还引发了广泛热议。有人这样评价，剧中男主角巴太表现出来的阳光且充满力量感的气质，一定不是"圈养"出来的。

人只有学会爱自己，爱生活，才有能量爱他人。孩子天生都是爱生活的，他们对一切充满了好奇心和探索欲，但很多时候被大人限制了。有的父母出于功利的目的，把自己认为无用的部分从孩子的生活中剔除，比如尽情地玩耍、傻傻地发呆、参与家务劳动……其实，这些看似"无用"的事也大有乾坤。《昆虫记》的作者法布尔，是第一位在自然环境中研究昆虫的科学家。他穷尽毕生之力深入昆虫世界，在自然环境中对昆虫进行观察与实验，记录下昆虫的本能与习性，创作出《昆虫记》这部巨著。小学语文课本里《蜜蜂》一课就选自《昆虫记》，从中我们看到的法布尔不仅是一个带着女儿一起观察蜜蜂、做实验，痴迷动物的科学家，还是一个关爱子女的慈父。

有一些兴趣爱好虽然不会使我们成为科学家，却可以让我们真真切切感受到生活的美好。我们学校在五年级开设了花馍课，孩子们非常喜欢。大家在老师的指导下制作完成自己的作品，成就感满满。孩子们特别乐意分享，会主动送自己做的花馍给老师品鉴。我的办公桌上时常会有孩子们送来的花馍，造型可爱，散发着新出锅馒头的香甜。白胖的小猪、黄色的向日葵、粉色的莲花、各色面团缠绕出来的幸运环……每当看到孩子们纯真无邪的笑容，那种发自内心的快乐，总能治愈人心。中国人骨子里对家的执念，是与日常的一日三餐紧密相连的，那是家的味道，不仅能满足胃，还能抚慰心。每个家庭的厨房里，都藏着养育幸福孩子的密码。

幸福的孩子需要父母的接纳

我们常说要无条件接纳孩子，这里的"无条件接纳"指的是接纳孩子的情绪、感受和心理需求，而不是孩子的全部行为。在行为层面，家长要担负应有的责任，及时纠正和规范孩子的不当行为，要有好坏对错之分。接纳不等于纵容，必须有底线和坚守。

中华优秀传统文化中素有"父母之爱子，则为之计深远"的渊源，意思就是父母爱孩子就要为孩子成长做长远考虑，提前规划。家长们总是站在未来的角度，安排孩子当下的生活。为了以后考一个好大学，有一份体面的工作，过上不错的生活，孩子现在就应该全力以赴，努力学习，不可以有一丝懈怠。但是，这样做往往忽略了孩子当下的状态，他们的心理活动同样需要被关注。

其实，我们回望过往就不难发现，很多长辈都曾担心下一代过不好，事实上，大可不必杞人忧天。发自内心地接纳自己的孩子，哪怕他平平无奇，一样可以拥有幸福的能力。接纳孩子，愿意陪伴和倾听，给孩子一个快乐的童年，就是在养育一个幸福的孩子。

幸福的孩子需要父母的支持

尺有所短，寸有所长。每个孩子都有所长，我们不能要求猴子去游泳，鳄鱼去爬树，但是很多家长会要求自己的孩子全面发展，近乎完美。实际上，这样的孩子是不存在的。接纳自己的孩子，就应该尊重孩子的特点，给予他们支持，让其在自己喜欢的领域里闪闪发光。

我校一名六年级的学生，临近毕业，向学校申办自己的"折纸作品展"。据家长介绍，他们从来没给孩子报过特长班，就是从小发现孩子喜欢折纸，就支持他购买相关书籍，在网上查找折纸作品，自己通过图书或视频学习，折出了许多复杂且丰富的作品。家长还在网上购置了专门的玻璃罩，把孩子的作品逐一贴上名签，郑重地存放起来。这让孩子感到自己很了不起。孩子利用业余时间，了解了许多世界著名的折纸艺术家，比如吉泽章、神谷哲史、埃里克·乔塞尔等，还加入了济南的折纸社团。家长专门带他去外地与折纸爱好者见面，参加联谊会，让他开阔视野。现在，这个孩子的梦想是考取麻省理工学院，因为他知道全世界只有那里有专门研究几何折叠算法的折纸学院。

折纸男孩的故事，让我想起十几年前毕业的一个学生。这个学生从小酷爱制作坦克、军舰模型，一做就是几个小时，曾自制过一套哥特式的铠甲。后来他去德国读书，毕业后入职一家造船厂做设计。拿到造船厂的录取通知后，他发了一条朋友圈："梦想照进了现实。"人这一生若能做自己喜欢的事，并能以此谋生，那是莫大的幸福。

养育一个幸福的孩子，让花成花，让树成树，这才是斑斓世界应有的样貌。

（山东师范大学附属小学　张　芳）

让花成花　让树成树

走出攀比心导致的自我焦虑

——做智慧家长　享亲子幸福

很多家长被"不能输在起跑线上，上学是唯一出路"等言论所影响，从孩子懂事起，就奔波在去训练营、辅导班的路上，导致自己不仅满身疲惫，还经常受"孩子不愿意学习、对抗情绪严重"等问题困扰。很多家长不禁仰天长叹："天哪！谁来帮帮我？让我变成更具智慧的家长，享受为人父母的幸福啊。"

很多人对"智慧"一词，往往存有狭义的理解，以为"高学历、高收入"就是智慧的家长的表现。其实不然。智慧，从来不单单局限在学习上，而是指拥有在某些领域做出探索、创新的行为的能力。智慧的家长，应该具备哪些要素呢？结合自己多年来从事家庭教育的经验，我认为有三个方面需要引起家长重视。

营造良好的养育环境，给孩子足够的安全感

环境，是养育孩子的第一步，不仅包括外在的物质条件，更包含接纳尊重的心理环境。孩子只有处在安全的环境中，内心才会充满能量。

温馨舒适的家庭环境，让孩子更愿意回家。父母繁忙的工作之余，也要注意家庭的卫生清洁，让孩子在干净、有序的环境里成长。经过调查，很多自觉遵守规则、注重卫生清洁的孩子，往往来自秩序良好的家庭。孩子从小生活在"摆放有序、内务清洁"的环境中，耳濡目染，养成了卫生整理的好习惯。此外，建议每个家庭设置阅读书架，闲暇之余，家长与孩子围坐在一起，进行阅读、讨论，更易形成和谐、舒适的家庭氛围。

宽松民主的人文环境，让孩子得以舒展。家庭是每个孩子成长的加油站。碰到问题时，父母不应该总是指责，而是要和孩子一起商量问题，寻找对策，一起渡过难关。经研究，很多受到欺凌的孩子，因为不敢告诉父母，导致受欺凌越发严重。事后问询孩子，给出的反馈是"说了也没用"，父母非但不给予帮助，反而指责为何是他（她）受到欺凌，肯定他

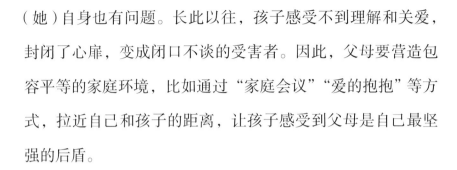

（她）自身也有问题。长此以往，孩子感受不到理解和关爱，封闭了心扉，变成闭口不谈的受害者。因此，父母要营造包容平等的家庭环境，比如通过"家庭会议""爱的抱抱"等方式，拉近自己和孩子的距离，让孩子感受到父母是自己最坚强的后盾。

做孩子的榜样，给孩子足够的荣耀感

好的父母，不应该只让孩子去学，更应该率先垂范，在孩子心中树立榜样。父母是孩子的第一任教师。在家庭中，父母要以身作则，在与孩子每一天的接触中，让孩子感受到正能量。

做时间规划的榜样。父母做好每天的工作规划，尽量将工作在下班之前完成，回家安心陪伴家人。不做"手机控"，要求孩子不看手机，自己首先要做到，以实际行动给孩子做好榜样。小阳最近迷恋手机，导致成绩一路下滑。爸爸发现后，联想到自己也有在家过度看手机的习惯，给孩子造成了不良的影响。于是他与孩子约定，回家后将手机放置在"养机场"，学习任务完成后再去处理手机信息。经过一段时间的调整，小阳改掉了回家无限制看手机的习惯，爸爸养成了读书替代看手机的习惯，父子俩走在共同成长的道路上。

做关爱他人的榜样。人们生活中的困扰，往往是人际关系紧张所致。很多孩子在校内出现的问题，绝大部分由于同伴关系处理不良。家庭作为人际交往的涵育地，父母的关系处理、待人接物，对孩子有着深远的影响。爸爸妈妈如果能和爷爷奶奶相处融洽，孩子就会习得对待长辈尊重孝顺的思想，为未来做好铺垫。父母之间如果沟通顺畅，经常表达爱意，孩子就会感受到父母之间的沟通模式，为未来建立亲密关系奠定基础。父母如果经常表达对人、对事的理解与赞美，孩子就会知晓"感恩、尊重"带来的关系融洽，对孩子未来人际交往产生深远影响。因此，父母如果在"尊重、理解、关爱"他人方面做到位，有利于孩子高情商的形成，使其很容易融入新的环境，得到他人的认可。

做学习型父母，给孩子足够的自豪感

在教育高质量发展的今天，"智慧父母"并不单单表现为在孩子身上投入多长时间、多少金钱，还需要具备学习意识，转换自己看待问题的视角，提升处理问题的本领，提高沟通协调的灵活度，知道并理解孩子的想法，达到父母好好学习、孩子天天向上的理想效果。

在各种资源中学习。向书本学习，阅读《非暴力沟通》《解码青春期》等教育读物，了解孩子青春期发育的特点，掌握与孩子沟通的技巧。下载读书类软件，聆听智者讲座，并复盘反思，获取成长力量。积极参加学校组织的家庭教育讲座，与专家对话，聆听观点，诉说困惑，帮助自己成长。

此外，家长一定要把孩子作为最宝贵的资源，回家后多与孩子交流其在学校的所见所闻，了解孩子在学校的表现，掌握孩子是否交到了好朋友，碰到困难时有没有向老师求助等信息。如果在交谈中发现孩子存在"心情烦闷、性格自闭"等问题，迅速与老师、同学取得联系，寻求他们的帮助，解决问题。

在各种群组中学习。学习家庭教育时，很多家长因为缺少团队引领，学习的意识渐渐淡化，出现半途而废的情况。家长要积极参与群组学习活动。可以组织3—5个家庭成立学习群组，定期分享读书收获，讲述育子困惑，发挥群体力量，提升家教技能。积极参加家庭教育类公益论坛，拓宽视野，提升自己的理论素养。

"智慧"一词，不在辅导班奔波的路上，也不在攀比心导致的自我焦虑中，而是在"温暖民主的氛围、做孩子榜样的决心、向上的学习态度"里，希望所有的家长坚守自我，不被裹挟，建立和谐温暖的亲子关系，走在幸福的家教之路上。

（济南市天桥区教育和体育局　张秀丽）

破译成长密码

——孩子教育"三多三少"要注意

　　教育之爱，不是家长的"一厢情愿"，它必须能满足孩子成长的需要。每个孩子都是独一无二的个体，只有当父母学会倾听、观察，用同理心去感受孩子，小步跟进时，教育的过程才能称为"生命始终在场"。

破译青春期的成长密码

　　青春期是人生中第二个转折期。在这个躁动的时期，孩子集叛逆、任性、追求独立等于一体，亦集父母的期望、老师的期盼、亲朋好友的嘱托于一身。在近三十年的从教经历中，我看到了许多孩子因不被理解和认可而产生的反抗与苦恼，也真切体会到了家长的焦虑与无助。而在陪伴一届届的孩子顺利度过青春期后，我渐渐领悟到，孩子的叛逆心理是青少年成长过程中出现的一种心理状态，是青春期孩子独立个性形成的正常现象。

儿童心理发展存在两个反抗期，又称心理断乳期。第一反抗期出现在4—5岁，儿童自我意识发展，行动能力提升，活动范围日益扩展，从对母亲的全面依赖，向一定程度的自立发展。这一时期，他们常通过抗拒父母的帮助与指令来实践"我要自己做"的诉求。第二反抗期发生在身体快速发育的青春期，出现的时间因个体差异而不同。随着自我意识的飞跃发展，孩子的价值观初步形成，开始从自己的角度看问题，与父母之间频频产生冲突。当然，对于一部分性格内向的孩子而言，他们的反抗不表现在外显的行为上，而是以沉默和无视表达反对，这种不温不火的态度往往不容易平息、转移和分散。

那么究竟是哪些因素导致孩子们的反抗和叛逆呢？首先，是中枢神经系统过于兴奋。孩子刚进入青春期时，体内有关性的中枢神经系统活动明显增强，但性腺的机能尚未成熟，两者发育的不协调，使青春期的孩子对于周围的各种刺激，包括别人对他们的态度等表现得过于敏感和强烈，常因芝麻大的小事暴跳如雷。其次，是自我意识的突然高涨。青春期的孩子更倾向于维护良好的自我形象，追求独立和自尊。当他们的某些想法及行为不能被现实接受时，就会产生过激的想法，从而产生反抗心理。最后，是独立意识的发展。青春期的孩子，迫切地要求享有独立的权利，将父母、老师给予的关照和指导看作对自身发展的束缚和障碍。

在"更年期"遇上"青春期"的特殊时期，如何把孩子"养对"呢？作为父母要注意青春期养育的"三多三少"。

青春期养育的"三多三少"

一、多沟通，少指责

随着孩子年龄的增长，家长和老师在孩子心目中的权威地位日益下降，同伴的影响力慢慢增强。生活中，常能听到小孩子说"我们老师说……""我妈妈说……"但等孩子到了高年级和初中，言谈间流露较多的则变为"我们同学都如何如何……"面对孩子的"不听话"，家长会感到焦虑恐慌，为了减轻自己的焦虑，家长开始有意无意地唠叨、指责。但是很多时候，父母越唠叨，孩子越逆反，不知不觉亲子关系就走进了恶性循环。

好的关系是家庭教育的开始。父母工作再忙，每天也要花上一点儿时间和孩子沟通交流，如问问孩子今天在学校过得是否开心，有没有需要父母帮忙和支持的地方等。不带目的性的沟通能让孩子感受到父母始终是自己最坚强的后盾。当双方意见不一致时，父母也不要急于纠正和否定，要学着换位思考，尽可能找到亲子沟通的交集。家庭教育不仅是"学习的教育"，更应在温馨的环境中，通过看似无主题的闲聊找到教育的契机，于无声之中潜移默化地影响孩子。

二、多接纳，少包办

罗杰斯说，被看见，是每个人心中最深层次的渴望。因此，父母要真正地"看见孩子"——看见孩子的天性，看见当下孩子普遍存在的共性，更要看见每一个孩子的特性。所以，作为父母要无条件地接纳孩子，不因孩子的成绩和自己的心情而打折扣。

无条件接纳孩子并不是让父母无条件地去满足孩子，而是无条件地接受、关怀、尊重他本来的样子。接纳不是以孩子年龄小为理由，以少走弯路为借口，越俎代庖，替孩子安排好一切，而是在接受孩子本来样子的同时，培养他的选择能力和自我规划意识。所以，父母要学会适当"放权"，把选择权、尝试权、犯错误权放给孩子，只保留建议权。当孩子遇到选择困难的时候，父母可以和孩子这样沟通："如果是我，我会这么做……""这只是我个人的意见，仅供你参考。"当孩子选择出错的时候，父母不要对孩子说："我早就告诉过你吧，不听老人言，吃亏在眼前。"更不能表现出得意扬扬、一副看笑话的样子。而是告诉孩子，"虽然你选错了，但爸爸妈妈希望你不要气馁，成功的经验往往都是在无数次的失败中获得的"。

三、多启发，少命令

著名心理专家李子勋曾提醒我们，与青春期孩子打交道，父母要保持高度的"无知"。因为"无知"才会主动询问孩子，既能启发孩子思考，又能满足他们对"尊重、自主"的需求。一般说来，父母关注"是非"——我说的是对的，你要听！而孩子关注"态度"——你的态度尊重我，我才听！所以，父母和青春期的孩子相处要以"尊重"为前提，多启发，少命令。

自我意识的高涨，使孩子更倾向于维护良好的自我形象，所以青春期的孩子会有"容貌焦虑"。当孩子开始过度关注容貌，喜欢在统一的校服上动"小心思"，女生关注化妆，男生关注运动鞋时，表明孩子长大了。对此，父母不要焦虑，更不能勒令孩子改正，而是要帮助孩子树立自信，接受自己的不完美。还要通过日常的沟通交流，引导孩子树立正确的审美观，让孩子努力成为最好的自己。

青春无限，未来可期。教育孩子，常常是陪伴同行之后

"恍然大悟"和"原来如此"的学问。愿所有的父母面对青春期孩子一次次的"反常"行为，都能云淡风轻地说一声"原来如此"。因为，孩子的成长，我们懂得！

（济南市市中区教育教学研究中心　孙艳艳）

心理养育重在润心

——抓住家庭教育的"牛鼻子"

习近平总书记指出："家庭是人生的第一个课堂，父母是孩子的第一任老师。孩子们从牙牙学语起就开始接受家教，有什么样的家教，就有什么样的人。家庭教育涉及很多方面，但最重要的是品德教育，是如何做人的教育。"而品德教育的基础是心理健康、人格健全。没有健康的心理就不能形成良好的品格，没有良好的品格就不可能成为人格健全的人。

什么是家庭教育中的心理养育

在家庭教育中，父母要关注孩子的心理变化，顺应孩子的心理成长规律。当内心需求和愿望被看见、被悦纳、被尊重、被支持时，孩子就会形成"我有用""我有价值""我很棒""我能行"的认知，提高自我价值感、自我认同感，从而养成自尊自信、积极乐观、理性平和、豁达包容的心理品质，形成不懈奋斗、宠辱不惊、百折不挠的意志，这就是家庭教育中的心理养育。唯有重视家庭教育中的心理养育，才能最大限度地发挥家庭教育的价值引领和教育功能，为孩子一生的发展奠定坚实的基础。

怎样做好家庭教育中的心理养育

一、给孩子足够的安全感，增强孩子的心理韧性

安全感是心理需求中的第一要素，是人格中最基础、最重要的成分。安全感的高低直接影响孩子入学的适应性。生活中常见到幼儿不愿意去幼儿园，即使送去了也会哭半天；一年级入学的小学生半年才能适应小学生活；升入初中时因环境的变化、小伙伴的分离而不愿意上学等现象均是孩子内心安全感不高导致的。

怎样才能提高孩子的安全感呢？家长要做到用心陪伴。但陪伴孩子并不是管好他的日常生活就够了，而是要走进并读懂孩子的内心世界。

首先要学会倾听，当孩子有情绪或遇到问题时，认真倾听孩子讲述事情的经过，不评判，不打断，让孩子感觉到

"被尊重""被重视";其次,同孩子分享自己听后的感受,与孩子共情,让其感受到"被理解""被看见";最后,询问孩子的需求,需要自己怎么做,才能让孩子感觉到"被支持""被悦纳",让他觉得"无论发生什么,父母都会和我在一起"。这种来自家长的支持会增强孩子的心理韧性,成为孩子面对一切困难的"护身符"。

二、营造和谐温馨的家庭氛围,提高孩子的心理弹性

一个三年级的男孩,经常打架,用言语和肢体攻击同学,课上乱说话,坐不住,甚至上课时间在地上爬,影响正常的教学秩序。班主任多次请家长,都无济于事。在排除了一切器质性问题之后,家长求助于咨询。在咨询中了解到,该孩子的爸爸经常酗酒,酒后就会与孩子的妈妈发生争吵,打妈妈和孩子是常事,有两次极其严重导致报警。试想,一个生活在家庭暴力中的孩子,一个内心充满了恐惧、焦虑、害怕的孩子,一个不知道何时危险就可能降临到自己头上的孩子,他怎么可能静下心来听课学习呢?因此,家庭环境对孩子心理稳定性起着重要的作用。

夫妻恩爱是家庭和谐的关键。首先,父母要学会控制情绪,夫妻之间有了矛盾要先处理情绪,后处理事情,要冷静,不冲动;其次,彼此尊重,良性沟通,彼此尊重是夫妻恩爱的前提,相互包容是夫妻恩爱的催化剂,良性沟通是夫妻恩

爱的调节剂；最后，学会赞美对方，赞美带给人的是愉悦感和成就感，彼此赞美让夫妻关系在"被看见""被肯定""被悦纳"中走向亲密。父爱则母静，母静则子安，子安则家和，家和则万事兴。夫妻恩爱是父母送给孩子最好的礼物。和谐温馨的家庭氛围让孩子感受到家的温暖，感受到来自父母爱的力量，在这种环境中长大的孩子心理更松弛，更有弹性，更有力量。

三、日常生活中父母巧引领，培育孩子积极的心理品质

有的家长感叹：现在的孩子不知道感恩，自私，只顾自己。孩子生来是一张白纸，如何引领是家长应做的功课。

若爸爸工作很忙，常年在外，妈妈就可以每天与爸爸视频，妈妈要引领孩子学会感激爸爸为了家庭一个人在外打拼，嘱咐爸爸照顾好自己，表达"我和孩子都很想你"的情感；爸爸也要学会积极回应，以弥补其因缺位而缺失家庭教育的空白，潜移默化地教育孩子学会心存感激，关心他人，正确表达情感。如此，既增加了亲情，又培养了孩子的能力。

有这样一个案例：一位妈妈接到上六年级放学的女儿，女儿情绪激动地告诉妈妈，她被班上一位女同学推了一下，很生气，想着第二天怎么怼回去。妈妈问："能给我描述一下当时的情景吗？"原来女儿班里的两位同学不知什么原因在走廊上剑拔弩张地斗起嘴来，女儿正好放学走过她俩身边，

顺势说了一句"怎么还没打起来"，其中一位女同学愤怒地推了她一下。妈妈了解到事情经过之后，温和地说道："假如你是那位同学，你会怎么做？"女儿考虑了一会儿说："妈妈，我错了，我不应该幸灾乐祸。"之后妈妈又与女儿讨论了遇到类似事情该怎么办，女儿在妈妈的引领下既化解了情绪，又学到了解决问题的方法，提升了解决问题的能力。

心理养育是提升家长胜任力的助推器，我国自古就有"正心、修身、齐家、治国、平天下"的理念。家庭教育的根本任务是立德树人，家庭教育重在立德，心理养育重在润心，身心双健方可为"人"。

愿所有的家长都能呵护孩子心理，重视心理养育，创设温馨舒适的家庭心理养育环境，助力孩子身心双健、快乐成长。

（济南市长清区教育和体育局　曹志荣）

心理养育重在润心

谋定、求变、后动

——小升初可以这样无缝衔接

　　小学升初中，这是孩子成长路上的一个重要转折点，意味着孩子即将实现一次跨越式成长。面临孩子小升初，家长应该"谋定后动，取舍有道"，首先要了解初中学习和成长的特点，然后制订符合孩子自身条件的三年规划，做到取舍有道，科学助力孩子成长与发展。

谋定，从了解初中开始

　　熟悉环境，初识初中。小学和初中无缝衔接的关键在于让孩子提前适应，克服陌生感。孩子上学走了六年的路，换成了通往初中学校的路；教室布置不再是五颜六色，文化墙装饰风格不那么活泼可爱了，运动场也变大了……克服陌生感的方法就是走近它，提前熟悉它。比如，家长可以带着孩子提前了解上学放学路线，采用不同的交通方式多走几趟，并计算时长等；还可以和孩子一起转转校园，了解各层楼、功能教室的位置等，把了解路线、熟悉新环境当成一种亲子活动，既克服了陌生感，又增进了感情。

走访学长，树立榜样。"上初中不能再跟小学一样了""初中是个分水岭，你不努力就会落后""初中的朋友很重要，你要注意交友"……许多家长都曾苦口婆心地提醒孩子，可孩子根本不愿意听。对初中生活体验最深刻、最直观、最全面、最有话语权的莫过于初三刚毕业的学生，家长可以发动身边的资源，找初中毕业生给孩子讲一讲他们的初中生活，哪些经验可以借鉴，哪些"坑"可以避免，相信他们的话，比家长苦口婆心的话更有指导意义。

三年规划，整体看初中。时下初中阶段有句比较流行的口头禅，叫作：初一"铁"，初二"钢"，初三才能"响当当"。也就是说，三个年级应分别有不同的目标与规划。初一年级的规划是培养兴趣、养成好习惯，关键点是"适应"。在帮助孩子适应新生活的基础上，激发其学习兴趣，培养良好习惯。适应是激发兴趣和养成习惯的前提和基础，孩子适应得快，就能为后面的学习与生活打下坚实的基础，顺利完成过渡。初二年级的规划是步步为营、稳中求进。伴随着青春期的到来，初二年级的重点在"维稳"，稳情绪，稳学习，稳交往，稳中求进，切忌急躁冒进，否则事与愿违。初三年级则是全力以赴、全面提升。面临中考，提升成绩可以说是孩子整个初中生涯的重中之重，要时刻为最后的冲刺做好身心准备。

邂逅青春期，了解初中。青春期通常被称为第二生长期，是孩子成长的关键时期。这个阶段孩子从生理到心理都会发生一系列显著的变化：个子忽然长高了，孩子和家长站在一起，不再是小时候的仰视，少了一些依赖，少了一些惧怕，多了一些个人思考。孩子有各种奇思妙想，但是这些想法是否正确，是否严谨，他们不去考虑，有了想法就要急于去实施，容易冲动。孩子们特别渴望被尊重，能够平等对话。

求变，转换中取得先机

适者生存，变中取胜，小升初阶段需要转变思维的又何止是孩子。

转变身份。小升初意味着孩子将从小学生变成初中生，家长也由一名小学生家长转变为一名初中生家长，此时，需要及时转换身份的不仅仅是孩子，家长也要做好角色身份和思想的转变——要从小学阶段的"保护神"变成"知心人"，要从发号施令变成学会倾听。初中的孩子不是不希望父母管教，而是需要家长能更加艺术地教育和引导自己。

与青春期握手言和。孩子的初中生活丰富多彩，兴趣爱好、朋友相处、异性交往、学习、休闲娱乐、参加各种活动等事项一股脑儿呈现在未成年的孩子面前，家长需要提前引领孩子做好积极探索与充分准备，在共同交流与探索中厘清观念，诠释道理，给予方法，预防孩子陷入"乱花渐欲迷人眼"的困境。青春是美好的，青春是用来奋斗的。只要家长热情主动，善于握手言和，多一分鼓励，少一分指责，多一点幽默，少一点儿冷漠，动荡的青春期就会缓慢着陆，孩子的青春就会自信飞扬。

后动，取舍有道

孙子兵法提到"谋定而后动，知止而有得"，意思就是谋划准确而后行动，目的明确、取舍有道才会有所收获。

鼓励孩子多读书。多读书终身受益。小学生的阅读量、文本理解能力、情绪感受能力有限，高中生学业压力重而时间紧，所以初中是最好的读书时间。家长可在假期提前准备好初中生必读书目，与孩子一起制订阅读计划，养成良好的阅读习惯，为初中阶段的学习做好准备。

多带孩子外出。读万卷书不如行万里路，家长可以多带孩子走一走，不仅能让孩子开阔视野，也能滋养身心、陶冶情操，还能在行走过程中将地理知识具象化，带孩子体验生活，感受人间烟火，为后期写作积累素材，何乐而不为呢？

培养一项兴趣爱好。成功的人生，总要有一项兴趣陪伴，或运动或艺术，无论是球类运动，还是唱歌跳舞或画画，都不仅仅是兴趣爱好，它可以培养孩子的高雅志趣，可以调节不良情绪，还可以展现孩子的个人魅力，促进人际交往。趁着假期和孩子一起去探索吧，一旦确立就持之以恒，初中阶段形成的兴趣爱好、运动特长，往往会陪伴孩子终生。

鼓励孩子独立思考和解决问题。当孩子遇到问题时，父母不要直接给出答案或解决方案，而是引导他们独立思考，培养孩子的批判性思维和分析问题、解决问题的能力。

培养良好的生活、学习习惯。良好的习惯可以让孩子更加自律、高效和自信。假期中，我们与孩子朝夕相处，可以借机培养一些好习惯，循序渐进，分步进行。让孩子养成良好的睡眠和饮食习惯，有助于孩子保持健康的体魄和精神状态，更好地应对学习和生活的挑战。如每天固定的时间坚持运动一小时，培养孩子意志力和自律能力。对于简单习惯，如整理家务，可能一个月就能养成；而对于复杂习惯，如运动、控制体重或早睡早起，则可能需要更长时间。

预留时间和耐心。不要期望其结果立竿见影，给孩子足够的时间和耐心来养成习惯。在制订计划时，预留一些缓冲时间，以应对意外情况。家长不要贪多，一次只专注于一个或少数几个习惯的养成，避免一次性给孩子带来过大的压力，贪多而不得。

教育的根本任务是立德树人，我们的目标是培养懂得幸福并具备终生追求幸福能力的全面发展的人。小升初衔接只是孩子成长道路上的一个必经阶段，家长要有智慧，懂取舍，无论我们多么爱孩子，也不能以爱之名，做伤害孩子的事情。爱是有边界的，我们要进退有度，在真正尊重孩子的前提下，找到最适合自己孩子的教育方式，才能助力孩子的未来。

（山东大学附属中学　周文清）

孩子真的不能输在起跑线上吗？

——谈谈智慧父母的成才观

　　"孩子不能输在起跑线上"是一个充满争议的话题，映射出一些家长想要为孩子未来提前布局的焦虑心态。然而，根据中国教育报在微信公众平台上发起的调查，当被问及"您认为哪里是孩子的起跑线"，23.6%的家长认为是孩子出生的那一天；6.2%的家长认为是从上幼儿园开始；13.2%的家长认为是进入小学阶段；17.5%的家长认为是进入中学以后；当然也有39.5%的家长认为没有"起跑线"。作为智慧父母，我们该如何看待孩子的教育与成长，又该如何树立正确的成才观呢？

起跑线的定义与误解

"起跑线"一词，原本来源于田径比赛，指的是运动员开始奔跑前的那条线。然而，在教育领域，这个词汇被赋予了更为宽泛的含义，通常指的是孩子接受教育的起点或基础。许多家长认为，只要孩子能在各个方面都先人一步，就能在未来的竞争中占据优势。但这样的观点往往忽视了孩子的个体差异和成长规律，导致教育的盲目性和功利性。

有两个真实的案例分享给大家。

小明（化名）是一个年仅三岁的孩子，他的父母为了使他不输在起跑线上，为他报了多个早教班和兴趣班，包括英语、数学、钢琴等。然而，过多的学习任务超出了三岁小朋友的认知能力和心理发展规律，小明开始对学习产生强烈的恐惧感和抵触情绪，甚至出现失眠、焦虑等心理问题。家长过度追求起跑线上的优势，无形中让孩子在起跑之前就感到疲惫不堪。人生路漫漫，过度的消耗让孩子本应天真烂漫的童年索然无味，甚至让孩子未来的人生长跑充满荆棘。

小华（化名）的父母采取了不同的教育方式。他们关注小华的兴趣和特长，为他提供了丰富的学习资源和探索机会。小华在父母的引导下，逐渐对科学产生了浓厚的兴趣，并主动要求参加一些科学实验和课外探索活动。虽然小华在学校的成绩并不是最顶尖的，但他的创造力和实践能力得到了很好的锻炼。小华在自己喜欢和擅长的领域不断深耕，终于在小学毕业前，获得了全国科技创新发明大赛二等奖。同时，通过一次次成功的学习体验，他在进入初中后，学习其他学科的主动性也大大增加，考上了自己理想的学府。这个例子说明，家长能关注孩子的兴趣和特长，让孩子在自己喜欢的领域自由发展，可能会让孩子在起跑线上获得更多的优势。

我们要明确的是，每个孩子都是独一无二的，他们的兴趣、天赋和潜力各不相同。将孩子简单地放在同一起跑线上进行比较，不仅不公平，而且容易使孩子产生挫败感和压力。家长应明白，教育是一个长期的过程，不是一场短跑比赛。孩子需要时间去探索、学习和成长，而不是在起跑线上就开始拼尽全力。

如何避免起跑线误区

要避免起跑线误区，家长需要注意以下几点。

一、树立正确的教育观念

家长应该认识到每个孩子都是独一无二的个体，他们的成长和发展需要遵循自己的规律和节奏。教育是一个长期的过程，需要耐心和信心。只有树立正确的教育观念，才能避免起跑线误区对孩子的负面影响。

二、关注孩子的内在成长

家长应该关注孩子的内在成长和进步，而不是仅仅看重他们的外在表现和成绩。当孩子取得进步时，家长应该给予孩子充分的肯定和赞扬；当孩子遇到挫折时，家长则要给予他们及时的帮助和鼓励。同时，家长还要关注孩子的情感需求和心理健康，帮助他们建立积极的人生观和价值观。

三、倡导多元化的教育方式

每个孩子都有自己的特点和优势，家长应该根据自己孩子的个体差异和需求来选择合适的教育方式。同时，我们也倡导更多家长采用多元化的教育方式，鼓励孩子尝试不同的学科和活动，培养他们的综合素质和创新能力。这样不仅能够满足孩子的多样化需求，还能让他们在未来的竞争中更具优势。

智慧父母的成才观

作为智慧父母，我们应该摒弃"起跑线"的误区，树立正确的成才观。具体来说，我们可以从以下几个方面入手。

一、关注孩子的兴趣与需求

每个孩子都有自己的兴趣和需求，家长应该尊重孩子的选择，鼓励他们按照自己的节奏和方式去探索和学习。当孩子对某个领域产生浓厚兴趣时，家长可以提供相应的资源和支持，帮助他们深入学习和发展。这样不仅能够激发孩子的学习动力，还能够培养他们的自信心和独立思考能力。

二、重视孩子的全面发展

教育不仅仅是知识的灌输，更是品德、心理等多方面的培养。智慧父母应该注重孩子的全面发展，关注他们在各个领域的成长和进步。在知识学习方面，家长可以引导孩子多读书、多思考、多实践；在品德教育方面，家长可以通过家庭和社会实践培养孩子的责任感，使其具有感恩之心和团队合作的精神；在身体锻炼方面，家长可以鼓励孩子多参加户外活动、体育锻炼和竞技比赛等。

三、培养孩子的自主学习能力

自主学习能力是孩子未来发展的重要基石。智慧父母应该从小培养孩子自主学习的能力，让他们学会独立思考，自主探索。这可以通过鼓励孩子提问、参与讨论、制订学习计划等方式来实现。同时，家长还可以引导孩子关注社会热点、参与社会实践等，让他们在实践中学习和成长。

四、保持耐心和信心

孩子的成长是一个漫长的过程，需要家长的耐心和信心。智慧父母应该相信孩子的潜力和能力，给予他们足够的支持和鼓励。当孩子遇到困难和挫折时，家长要给予他们及时的帮助和指导；当孩子取得进步和成就时，家长要给予他们充分的肯定和赞扬。同时，家长自身还要保持耐心和信心，不要因为孩子一时的表现而轻易放弃或过度焦虑。

人生是一场漫长的马拉松，前一百米甚至二百米的冲刺可能会带来短暂的领先，但不能代表最终获胜。作为智慧父母，我们应该树立正确的成才观，关注孩子的兴趣与需求，重视他们的全面发展，培养他们的自主学习能力，保持耐心和信心。

近年来，在《中华人民共和国家庭教育促进法》颁布实施后，很多学校加强了家长学校建设，开展家长课堂，很多家长通过学习已经开始扭转以往的"卷娃"心态，不再人云亦云，盲目跟风，越来越多的家长开始关注孩子的内在成长和需求。我想，只有真正了解孩子需求，尊重孩子的梦想，才能让孩子健康、快乐地成长。

（济南市市中区泉泽小学　杨　洋）

此时无声胜有声

——把握好教育的"火候"

　　老师希望教育好学生，父母渴望教育好子女，但什么才是好的教育？古人云："取之有度，用之有节，则常足。"教育即此理。有理不在声高，要把握好教育的"度"，既达到预设的教育目的，又让被教育者心悦诚服地接受，这相当考验教育者的水平。

　　现实生活中，往往越亲近的关系越不注意说话的分寸，无形之中家长总习惯以大人的身份压制孩子，导致教育的"火候"过犹不及。其实，当孩子经历困惑和挫折时，很多时候他们只是需要一个倾诉的对象，并不需要建议或决定。因此，家长在和孩子沟通时，要懂得适当留白，往往更能发挥无声胜有声的奇效。

感非身受，何苦为难孩子

有句流行语叫"有种冷，叫你妈觉得你冷"，这句话不知道出了多少孩子的无奈心声。可怜天下父母心！我们总是不由自主地想要把自认为最好的全部都给予孩子，总不希望让孩子吃苦受累走弯路，于是竭尽所能地给予、保护、提醒、阻止，从来都是义无反顾，也从来不听孩子说了什么，不问孩子的感受是什么。都说"己所不欲，勿施于人"，可父母又怎知比"不欲"更让孩子难受的是我们的"所欲"！

一次，我与朋友带着两个孩子吃自助餐，四人取餐完毕坐定，朋友看闺女的餐盘里只有一点儿薯条和炸鸡块，于是开了腔："怎么吃这么少？还都是油炸的，一点儿不健康！"闺女头也不抬冷冷地说："不饿。""都这个点儿了还不饿，下午上课饿了怎么办？"闺女冷着脸不搭腔，朋友还自顾自地说着："快去看看，再选点什么……那边有海鲜火锅不错，还可以煮点面条……"没等朋友说完，闺女就起身离开座位去取餐了，但我分明看到她脸上写满了厌烦与不屑。

如果说父母将生活上不能感同身受的事情强加于孩子，其还能敷衍应对，那学习中不能感同身受的焦虑，将会带给孩子更大的困扰。成绩好时，生怕孩子骄傲，我们就一再地提醒"别轻敌啊，强中自有强中手"；孩子一拿起手机，我们就心急如焚，"有这个时间看点儿书不好吗"；孩子刚捧起书本，我们又不无焦虑，"该背的都背了吗"……殊不知，这样的"碎碎念"已经把莫名的焦虑源源不断地传递给了孩子，我们却完全没有意识到，也完全没有想过孩子在做安排时是否也有合理的判断与认知，而我们反而乱了他的阵脚。

所以不能做到感同身受时，请一定记得"此时无声胜有声"。家长千万不要拿一厢情愿的自说自话狂轰滥炸，不要因此磨灭孩子的个性，更不要情感绑架，为难孩子。爱孩子，不如试着站在孩子的角度感受他的感受，例如，当看到孩子没礼貌，见人不打招呼时，不妨想想他也许只是跟人不太熟，毕竟学会自我保护比有礼貌更重要；当你发现孩子太小气，不愿分享时，不妨想想孩子也要有决定自己的东西要不要与人分享的"物权"意识；当你认为孩子很内向不善言谈时，不妨想想也许他是更善于思考，而会思考的孩子才更容易成功；当你感到孩子太过胆小时，不妨想想也许他只是比较谨慎，而谨慎的孩子更让父母放心；当你发觉孩子学东西很慢时，不妨想想那可能是孩子学得仔细，做得认真，更有责任心……有时候，父母对孩子多一分理解，自己也就多了一分坦然。而当父母成为孩子最坚强的后盾时，他才能慢慢具备强者的气质。

话不投机，多说半句也无益

亲子沟通出现争执，大多是由于双方欠缺冷静思考或换位思考，尤其是父母，总会先入为主地认为孩子小、没经验、不懂事，说什么都不对。所以，当与孩子话不投机时，何不先保留要脱口而出的话，停下来先想想孩子说的有没有道理、可不可行，再决定接下来的话要不要说出口、如何说出口。当然，此时的"无声"并不代表家长一味的妥协和盲目的顺从，而是对孩子的尊重和育子的智慧。话说回来，即便孩子的观点、做法真的有问题，那么当下彼此不冷静的争辩也一定不会取得好的效果，是否也该暂时休战，择时机、择方式再进行有效的沟通交流呢？

点到为止，话留三分又何妨

父母子女一场，本应相亲相爱，在理解与尊重中相互启迪、共同成长，切不可相爱相杀，充满怨恨。说到这，也许做父母的都要叫屈喊冤了——又不是捡来的，我怎么会像对待仇人一样对待孩子？可是，又有多少家长死死抓住孩子的错处不放，非要把大道理掰开了、揉碎了，苦口婆心讲给孩子听，再强逼孩子低头认错呢？然而，这种咄咄逼人的方式用在对孩子的教育上真的有用吗？

一年级的甜甜是我同事小王老师的女儿，非常可爱，有一天放学，我看到她迟迟不敢进办公室找妈妈，不用问，一定是在班里做错了事，不敢面对妈妈疾风暴雨式的批评教育。果然，很快办公室里就响起了小王老师严厉的批评声，可怜的小人儿泪珠扑簌簌地掉下来。孩子难为情，我也倍感尴尬，忙提着暖瓶逃离办公室。

十多分钟过去了，训斥也该结束了吧。可当我回到办公室时，说教还在继续，只是妈妈的态度平和了许多。甜甜的小脸上已经没有了最初的恐惧、不安，也没有了刚刚的痛哭、羞愧，此刻，她低眉顺眼，显得很冷淡，背在身后的小手像两只活泼的小鸟，逗弄着后腰间的蝴蝶结……

当孩子已经意识到自己的错误并有悔改之意的时候，千万别再过度教育，点到为止，"恰到好处"才是最好的教育。对孩子的成长多一些宽容，允许他偶尔犯错；对孩子的失误少一些说教，给他时间和空间自我反省。有时候，话到嘴边留三分，给他个眼神自己体会的无声教育更胜过他不爱听的千言万语。毕竟伟大的思想家卢梭就曾明明白白告诉过我们：世界上最没用的三种教育方法就是发脾气、讲道理和自我感动。

孩子的成长只有一次，做父母的机会也只有一次，很多育儿教子的方式都需要我们不断尝试，慢慢体会，及时修正。

日常生活中，没有人总能及时地出现在你的身边给予提醒，那我们不妨在开口指责、说教，甚至谩骂前，先缓一缓，避一避，绕一绕，冷一冷，让自己更加清醒和理智，更加把握好教育的"火候"，从而建立起和谐的亲子关系，打造出美好的亲子生活。

（济南市经五路小学　李海燕）

帮助孩子获得更多积极体验

　　当前社会背景下，在养育孩子的过程中，父母或多或少会有些焦虑，有时耗费心力也不见效果，常有束手无策之感。其实，面对孩子的一些问题，父母只要稍微转换一下角度，由挑刺变为欣赏，注重培养孩子的兴趣爱好；看见孩子需求，做好亲子陪伴；懂得教育规律，营造和睦的家庭氛围，让孩子在家庭教育中获得积极的情绪体验，问题就会迎刃而解，也更有利于孩子未来走向成功。

了解让孩子产生压力的根源

　　现实生活中快节奏的运转方式，让每一个人都倍感压力，很多人都寻求用最直接、最有效的方法来解决自己面对的问题与挫折。而在孩子成长的过程中，其所处的家庭、学校和城市（社会）三种环境里蕴含着许多孩子难以理解和接受的问题，会对他们产生无尽压力。在家庭中，不和谐的亲子关系或脆弱的家庭成员关系，会给孩子造成压力；在学校里，学业负担、同伴关系、制度约束等，也会给孩子造成压力；在社会上，互联网的诱惑无孔不入，使得孩子沉迷手机游戏，给正常的学习生活造成困扰与烦恼，也会给孩子造成压力。这三方面的问题处理不当，不仅会让父母产生无休止的焦虑情绪，更会阻碍孩子获得积极的情绪体验。

帮助孩子获得积极体验

新时代父母要顺应教育规律，通过不断学习和实践，营造充满正能量的家庭氛围，更好地帮助孩子获得成长的积极体验，找到自我，形成自我发展的内驱力，应对压力。建议家长可以从以下几个方面进行尝试。

一、学会欣赏，注重培养孩子兴趣爱好

从事教育工作多年，我发现很多家长在养育孩子的过程中，关注点经常发生偏移，有些家长紧盯学习成绩不放，认为学习成绩不好就一无是处，而没有全面了解认识孩子的优势和特长。在培养孩子的过程中，虽然父母竭尽全力，结果却事与愿违。因此，父母要学会欣赏孩子。有的孩子品质善良、乐于助人，有的孩子喜欢运动、善于表现，有的孩子粗枝大叶、性格粗放，有的孩子感情细腻、天生敏感，每个孩子都不一样，作为父母，要善于找寻孩子的优点，放大优点，让孩子在父母的不断欣赏中找到自我。有智慧的父母更要学会培养孩子的兴趣爱好，或者帮助孩子培育优势，让孩子做自己擅长的事情，用优势带动不足，逐步找到自我，认识自我。

五年级的小林活泼好动，成绩中游偏上，可在妈妈眼里成绩高于一切，妈妈对于小林喜欢研究动物的爱好不以为然，导致母子关系非常紧张。看到小林放学后迟迟不愿回家，老师便与妈妈耐心交流，通过身边大量真实、正向的案例，让妈妈认识到作为父母要学会欣赏孩子，支持孩子做自己喜欢的事情，这样孩子才会越来越自信。妈妈听取了老师的建议，开始尝试支持小林研究动物，给他买了很多有关动物的书籍，小林读得非常认真，竟然成了小书迷。学校组织科普活动，小林不仅给同学们讲解动物的生活习性，还动手制作动物模型，学习成绩也逐步提升，大大缓解了妈妈的焦虑情绪。

二、看见孩子需求，做好亲子陪伴

梳理家庭教育经典案例，不难发现：让孩子开心快乐的理由多种多样，究其根源是父母读懂了孩子的渴望，看见了孩子的需求。每个自信、阳光的孩子背后，其父母肯定具备善良、包容、尊重孩子的品质。让孩子在自己喜欢的事情中获得积极体验，满足需求，建立信心，需要父母的理解与支持。

小薇是一名名牌大学毕业生，和她父母聊起小薇的成长经历，才知道小薇的优秀是有原因的。母亲的温柔可亲，父亲的坚韧不拔都影响着小薇的成长。三年级时，因为小薇非常渴望上台演唱《吉祥三宝》，并不具备演唱实力的父母，不辞辛苦地天天学习，训练了整整两个月，陪着女儿一块登台演唱，圆满的演出、温馨的场景诠释了什么是幸福美满的一家人。小薇既实现了愿望，又收获了自信。小薇父母一直在场的有效陪伴，最终成就了女儿小薇的优秀。

三、营造积极正向的家庭氛围

一是父母情绪稳定，营造安全的成长环境。这里的安全成长环境除了物质环境外，更多指向心理安全的成长环境。父母情绪稳定，思维乐观，营造一种平和愉悦的家庭氛围，让孩子舒展、自由地探索、发展，这份来自家庭的安全感会让孩子底气十足。因此，父母情绪的稳定性对孩子有深远的影响，尤其是父母的榜样示范作用，是家庭教育中最好的良药。

二是家长乐于沟通，创设和谐的民主氛围。家庭成员之间相互尊重，尤其是尊重孩子，允许孩子说出自己的想法，允许孩子做出选择，允许孩子指出父母或者成年人的不足。可以通过定期召开家庭会议的形式实现家庭成员之间的有效沟通，每次会议讨论一两个问题，鼓励孩子参与家庭事务的决策，让孩子在民主的氛围下学习解决问题的方法。

三是要有松弛感，允许孩子活成自己喜欢的样子。父母要以积极的心态欣赏孩子，多发现孩子的优点和优势，多看孩子的努力和坚持，不要用别人家孩子的成功来衡量自己孩子的表现。一般情况下，没有哪个孩子不希望自己优秀，作为父母要知道孩子的问题所在，不要急于求成，看清问题本质，逐步引导孩子成长。即便孩子的发展不是父母所期待的，也要有静待花开的勇气，让其长成自己喜欢的样子。

四是正确看待挫折，让孩子生命更有韧性。经常会有父母问到一个问题："孩子犯错怎么办？"我想说，孩子犯错很正常，没有犯过错误的孩子永远不能真正长大！总结多年的工作经验，我们发现：当孩子犯错误时，父母的包容往往比批评更有利于孩子改正错误，父母的共情更容易让孩子宣泄委屈，父母的理解更容易推动孩子走出阴霾。有时孩子经历挫折不是坏事，关键是尽快帮助他从垂头丧气、消极状态中走出来，树立面对困难和挫折的勇气。

实践证明，唯有在充满爱与温暖的家庭里，孩子才会感到安全和自由，才能不断获得积极体验，才会有积极向上的力量，拥有主动学习的内驱力，一路阳光健康成长。

（济南市天桥区云世界实验小学　郑　研）

别让"护犊"行为毁了孩子

　　小时候听过一个故事：从前有一罪犯临刑前要求吃母亲最后一口奶，结果在吃奶的过程中，一口将母亲的乳头咬掉，他责备母亲一贯溺爱他，时时宠爱，处处护短，不以社会普遍接受的法律、道德标准去教育他，造成他是非不分、为所欲为，以致沦为阶下囚，丢掉性命。不管这个故事是真是假，其映射出家庭教育的一个误区至今值得世人警醒——父母过度袒护孩子的"爱"是有毒的！

　　从事教育工作30年，我在处理学生矛盾的时候，观察到一些家长过于溺爱袒护孩子，即所谓"护犊子"的行为。下面结合几个真实案例，解析一下家长护犊思维的消极影响及危害。

认清"护犊"行为，防患未然

父母"护犊"的表现多种多样，除了通常意义上的偏袒孩子，如当孩子与其他人发生冲突或矛盾时，不考虑事实真相，拒绝让其承担应有的责任外，还有很多不易觉察的护犊行为。譬如：过度干涉，无论大小事务都要亲自过问，不给孩子独立决策和锻炼的机会；过度赞美，无论孩子做得如何，总是给予过度的赞美和肯定，导致孩子缺乏自我评估的能力，无法正确认识自己的优点和不足；无底线溺爱，在教育过程中，倾向于溺爱而非严格要求，对不良行为容忍度高，缺乏必要的纪律约束和价值观引导；提供特殊待遇，利用自己的能量，给予自己的孩子不同于他人的特别优待等。

如果家长发现自己有上述行为，那么意味着可能存在"护犊"倾向，需要适时调整教育方式，以促进孩子的全面发展。

明确"护犊"危害，正确示爱

可怜天下父母心，虽然父母护犊行为的出发点是爱和保护，但会对孩子的成长和发展产生不利影响，在某些极端情况下甚至会毁掉孩子的一生。譬如，如果父母无底线地偏袒孩子、包庇孩子的错误，孩子容易形成自私自利、肆意妄为的性格，他们会逐渐缺乏规则意识，变得胆大包天、目中无人、张扬跋扈，甚至违法违纪，闯出大祸；如果父母过度干涉孩子、保护孩子，无论大小事务都要亲自过问，不给孩子独立决策和锻炼的机会，为了避免孩子失败，代替孩子完成任务，会让孩子缺乏独立做出决定和应对困难的能力，抑制孩子的独立性和自信心，导致他们在独自面对生活中的挑战时显得不自信，甚至退缩放弃，在遭遇失败后，一蹶不振、抑郁甚至走向轻生的道路。孩子在与同龄人的交往中遇到冲突是成长的一部分，如果父母总是介入，孩子可能错失学习如何有效沟通、协商和解决冲突的机会，影响其社交技能的发展。

　　我在工作中接触过两个真实案例：小明是家中独子，父母对他非常溺爱，总是尽力满足他的各种需求，很少对小明的行为设定界限或规则。即使小明犯了错误，他们也总是轻描淡写地批评两句了事，从不给予适当的惩戒。随着小明的成长，他开始有一些不良的行为习惯，在学校里经常欺负其他同学，对待老师也不尊重。家长虽然知道这些行为不对，但总对孩子的错误不当回事，甚至包庇。这种纵容和宠溺导致小明越来越无法无天。他开始逃课、夜不归宿，甚至参与一些不良团伙的活动，最终小明因为多次违法行为被警方逮捕。

　　而小杰的爸爸因为忙于经商，对他疏于照顾，非常宠溺小杰，导致他形成了较强的依赖性，缺乏自我管理能力。随着小杰进入中学，其学习动力不足、与同学相处困难等问题开始显现。小杰爸爸在参加学校举办的家庭教育讲座后，发现自己身上有很多从未觉察到的"护犊"行为，并且这些行为已经对孩子的健康成长产生消极作用，于是他决定改变原有的教育方式。根据我们的指导建议，他与小杰共同制定了一系列家庭规则，允许孩子参与家庭决策，逐渐减少对孩子的直接干预，让孩子在安全的环境中做出决策和承担责任。在和孩子相处过程中，小杰爸爸不再只关注物质满足，而是更多地倾听孩子的想法和感受，帮助他学会表达情绪，同时也同小杰分享自己的工作和生活经历，增进相互的理解和信任。经过一段时间的努力，小杰开始展现出更多的自主性和责任感，学习态度明显改善，与同学的交往也更加融洽。

改变"护犊"思想，因材施教

家长改变"护犊"思想，爱之有道，有原则底线地爱孩子，才能促进孩子健康成长。建议家长可以从以下三个方面进行尝试。

一、树立正确教育观念

充分认识适当的挑战和失败对孩子成长的价值。无论是日常小事还是学习活动，给孩子更多自主决策的机会，逐步增加他们的责任感和自信心。家长有责任引导孩子学会与人沟通，合理表达自己的想法和诉求，有效控制自己的情绪，摒弃以自我为中心的习惯，尊重同学，相互理解，让友谊滋养孩子健康成长。

二、发挥榜样示范作用

父母要注重利用生活中的事情，向孩子展示其待人接物、处理问题和矛盾的正确方式，让孩子熟识家长如何应对变化、迎接挑战、处理问题，以及如何坦然面对失败、总结经验教训等，向孩子传递正确的成长理念和积极的生活态度，让孩子浸染在充满正能量的家庭氛围中。

三、明确家庭教养底线

划定家庭教育的边界，为孩子设定合理的规则和界限，让他们明白什么是可以接受的行为，什么是不能容忍的错误，并要承担相应后果。特别是在孩子遇到问题时，家长应保持冷静，理性分析，而不是立即介入或过度反应。通过上述方法，家长可以逐步调整自己的行为模式，从过度保护转变为支持与引导，帮助孩子成长为有责任感、独立性强的社会成员。

总之，在孩子成长过程中，通过老师的悉心指导，家校的真诚沟通，家长的自我觉醒、积极改变和持续努力，"护犊"行为是可以转变的，进而更好促进孩子的健康成长。

（济南市章丘区龙山中学　李厚雷）

为孩子一生负责

——科学助力幼小衔接

"我也不想'卷'啊，害怕给孩子制造太多压力，但是不'卷'，看着别人家的孩子都在各种学，我是真的心慌呀。"不知道这位家长的经历是否也道出了你的心声呢？不能输在起点，是家长们根深蒂固的执念。殊不知，教育"内卷"没有尽头，从入幼儿园的"分离焦虑"到进小学的"适应危机"，孩子们真的很不容易。那家长应该怎样帮助孩子顺利度过幼小衔接呢？

全程衔接，关注身心适应和生活能力

幼小衔接是全程衔接，要从小做起，以"小"见大，全

方位、多角度，持续做好各项准备，在三年内培养孩子终身发展所必备的素养和能力。

在孩子成长的不同阶段，老师们都会采取相应的措施帮助孩子顺利过渡。比如刚刚步入小班的孩子，常常会对新的环境和新的人员产生不适应。面对情绪不稳定的孩子，早上入园时，老师会让孩子选择自己喜欢的迎接方式，如击掌、拥抱、打招呼等，逐步缓解他们的焦虑情绪。到了中班，孩子已经适应了幼儿园的生活，每天都期待去幼儿园和好朋友一起玩耍，也开始学着管理自己的情绪。这一阶段的孩子会通过阅读情绪、情感方面的绘本，在私密角和好朋友说悄悄话、分享自己的心情等行为，学会恰当地表达和调控情绪。步入大班，孩子们对小学生活充满期待，希望成为一名小学生，幼儿园会组织大班孩子走进小学实地参观，与小学生同上一节课，还会邀请毕业生回园……随着年龄的增长，孩子的情绪逐渐稳定。

从3岁到6岁，孩子渐渐从依赖到独立，生活自理能力不断增强，从"为己""为他"到"为社会"，呈现出明显的阶梯式发展。家长会发现3—4岁的孩子在家里能够做力所能及的事情，能自己穿脱衣服、整理玩具、开关水龙头等，自我服务意识逐渐增强。4—5岁的孩子开始萌发帮助别人做事的意识和想法，开始尝试帮助家长清洗瓜果蔬菜、收拾餐桌、清扫垃圾，也愿意走进大自然参与种植、采摘、喂养等亲自然活动，在实践活动中提高对自我服务的认识和为他人服务的责任感，体会成长的乐趣。5—6岁的孩子已经掌握很多生活技能，更想为集体、社会做事，除了能够早晚主动洗漱、听闹钟自主起床、主动整理房间等，更愿意走进社区参与公益类劳动实践活动。心理学上有个"100%理论"，如果父母有20%不做，那么孩子就会做20%；如果父母有80%不做，那么孩子就会做80%。所以家长在家要有意识地锻炼幼儿生活自理能力，多给孩子提供一些做家务活动的机会，不要图一时省事而替孩子做。

自然衔接，注重任务合作与交往能力

进入幼儿园一段时间后，孩子会逐渐适应幼儿园生活，各种能力显著提高，也越来越喜欢与同伴交往。从家庭到幼儿园再到社会，从简单的一对一交往到合作互动，最后发展到团队合作，我们可以看到孩子的任务合作与交往能力在三年的互动和实践中逐步发展起来。

小班孩子初次离开家庭步入幼儿园，老师会带领孩子一起玩"娃娃家"的游戏。孩子们可以在游戏中把自己装扮成自己想扮演的角色，扮演爸爸妈妈，给宝宝喂奶、哄宝宝吃药、带宝宝逛超市，在这个过程中初步学会与人交往。在家中，父母也可以尝试和孩子玩角色扮演的游戏，让孩子当小老师，把幼儿园学到的、看到的、听到的都表演给家人。

到了中班，孩子喜欢找同伴一起玩，比如在建构区，孩子们通过寻找同伴、合作搭建、尝试提出自己的见解，学会垒高、架空、平铺，在愉快的游戏中逐渐学会必备的生活技能、交往技能，懂得分享、合作、协商。家长可以鼓励孩子主动邀请好朋友到家里玩，从约定时间、开门迎接，到招待客人、玩游戏等，全部由孩子自己完成。家长要及时认可和表扬孩子的行为，也可以多带孩子到一些公共场所去，如公园、书店、超市等，多创造一些交往机会。

大班孩子的合作意识进一步增强，开始分工合作，协商解决问题。在做游戏计划时，分组讨论玩什么主题、几人一组、如何分配角色任务、如何分工收集材料等，与同伴有更多的互动与合作。到了5—6岁，孩子已经掌握了一定的社交技巧，家长们可以一起带着孩子走进博物馆、美术馆、科技馆等教育场所开展研学活动，也可以鼓励孩子参与社区服务等活动。此外，二孩家庭也可以让大宝、二宝互相进入对方的朋友圈，尝试与自己不同年龄段孩子之间的沟通，不仅能积累交往经验，还会让大宝感受到被弟弟妹妹崇拜的成就感。

科学衔接，培养学习习惯和学习能力

幼小衔接到底应衔接什么？除了做好身心、生活等方面的准备之外，学习习惯和学习能力的培养同样重要。科学的幼小衔接应该渗透在孩子的游戏、生活、交往中，潜移默化、循序渐进地逐步提高，为孩子的终身成长奠定基础。

比如"前书写"能力的发展是一个循序渐进的过程，孩子从对书写工具有一定的好奇心，到愿意尝试拿笔进行涂鸦，再到表现出书写兴趣，在涂鸦时尝试书写一些简单的符号，或者用"前书写"技能来表达一些信息，在这个过程中，孩子的书写意愿逐渐增强，书写技能自然得到提升。

那孩子在幼儿园是怎样做的呢？小班孩子处于"前书写"的基础阶段，应该侧重于兴趣培养，老师给每个孩子提供一本表征册，供孩子涂画、粘贴，这就是涂鸦，也是最早的"前书写"。到了中班的发展阶段，孩子经常用绘画、捏泥、做手工等方式表现自己的所见所想，为今后握笔奠定基础。大班进入进阶阶段，有了之前的经验，孩子开始运用文字和符号记录，如用图画、符号、文字等方式为班级的区域、幼儿园的室内工坊等制作标识和公约，自主设计毕业典礼节目单、邀请函、祝福卡片、姓名牌等。

在家里，家长也可以带领孩子开展一些层层递进的亲子游戏，比如第一阶段可以一起玩夹豆子、扣纽扣、倒水、挤海绵、舀豆子、扫纸屑等日常生活游戏，训练手眼协调和精细动作，促进手部小肌肉的发展。第二阶段可以和孩子一起玩连线游戏，进行点与点之间的连接，初期可随意连接，注意线条的流畅，而后按顺序连接。到了入学前的第三阶段，家长可以在之前读书角的基础上进行改进，环境布置开始向小学靠拢，增加孩子的阅读量，让孩子掌握正确的坐姿、握笔姿势，鼓励孩子自主阅读，续编、创编故事，并将感兴趣的环节运用符号记录和总结，在游戏中提高孩子的学习能力，激发孩子的学习兴趣。

　　总之，家长们应该意识到自己在孩子成长中的重要性，积极参与幼小衔接的全过程，帮助孩子顺利度过幼小衔接期，迈向更加美好的未来。

（济南市历下区禾润幼教集团　徐　晓）

教育孩子，父母要学点儿语言艺术

　　父母的语言对孩子具有神奇的作用。在家庭教育中，父母的语言就像皮格马利翁的刻刀，能把孩子"雕刻"成父母语言所描述的样子。有人说"每一个孩子都是站在父母的舌尖上舞蹈"，我深以为然。在人生舞台上，孩子是光芒万丈，还是暗淡无光，很大程度上取决于父母的说话方式。

　　在一线从事教育多年，总是惊诧于这些十六七岁的孩子从各自的家庭中走来，站到我面前的时候，为什么会呈现那么大的差异：有的孩子自信昂扬、青春蓬勃；有的孩子自卑怯懦、委顿消沉。如果把孩子比喻成一棵树苗，家庭教育就是他生存的土壤，而父母的语言就是这土壤中最重要的营养。父母的语言里充满"营养"，孩子的积极情绪和自我价值被滋养，孩子就会茁壮成长；反之，父母的语言里包含了"毒药"，那些让孩子感觉自己一无是处的话，日复一日，打压着孩子的自我价值感和能动性，孩子一生的成长都会受到影响。

有的家长说："我说这些都是为了孩子好啊，我还会害自己的孩子吗？"心理学的研究显示：并非每个人都明确地知道自己"在说什么"。比如当家长表扬孩子成绩好的时候，可能向孩子传达的是"只有好成绩才值得表扬"；再比如家长为了关心孩子，告诉孩子"我替你做"的时候，有可能会被孩子理解为"以你的能力还做不了这件事"。所以，家长说出口的话和想表达的意思真的是一致的吗？也有家长说："我就是这样的人，心直口快，一家人说话还打草稿，多累啊！"但我们必须承认，积极的语言环境，如果不认真、刻意、坚持地营造，是不可能自动出现的，也不会持久。所以，家长要想改变自己的语言模式，应当在不同的场景下从细节入手，学一点儿语言的艺术。

与孩子对话过程中，蕴含着家长的思维方式和教育理念

语言是思维的外壳，语言的背后，隐藏的是说话者的思维方式和教育理念。有些家长教育理念非常功利，只关心孩

子的学习，每天与孩子交流的内容非常单一，仅限于询问孩子是否完成了作业或某项任务，或催促孩子做能提高成绩的事，丝毫不顾及孩子的兴趣爱好及感受。这种忽视三观培育和人格健康的教育，会导致孩子成年后幸福感缺失、心理问题频发。有些家长夫妻双方教育观念不一致，矛盾冲突较多，会让孩子无所适从、非常迷茫。还有些家长缺乏对孩子的尊重，跟孩子沟通的时候，居高临下，颐指气使，自己当成真理一样的存在，导致孩子关闭心门，抵触与父母沟通。

因此，只有家长认识到孩子是一个正在成长中的独立个体，认识到亲子沟通是父母表达爱与支持的过程的时候，必然就会三"思"而后"言"，语言模式也就开始悄然变化了。

跟孩子对话过程中，隐藏着中国式父母的关爱

没有家长不爱孩子，但很多父母不太会表达爱。我接触过很多家长，明明是关心和爱护孩子的，但说出的话是说教唠叨、批评抱怨、讽刺挖苦、冷暴力等饱含负能量的语言，亲子沟通的效果往往南辕北辙。

一、跟孩子交流的时候，家长要多用选择词和建议词

清代教育家颜元曾说："数子十过，不如奖子一长。"当青春期的孩子遇到问题时，父母多用"可不可以""应不应该"等表达选择的词，引导孩子自己做选择；用"如果""不

妨"等表达建议的词，引导孩子自己去思考判断。赋予孩子决定权，孩子就会体验到被尊重的感觉，他会珍惜自己的权利，认真地权衡思考，从而获得成长。

二、跟孩子交流的时候，家长可以多用问句和肯定句

真正的沟通应当建立在相互倾听与理解的基础之上。父母在跟孩子交流的时候，要学会使用问句，引导孩子倾诉、表达。比如，"你看见了什么""你是怎么想的"这不仅能让孩子感到被尊重，更能够鼓励他们勇敢地表达自己的真实想法。这些看似微不足道的话语，其实蕴藏着孩子成长路上的无数宝藏。当父母愿意耐心倾听，真正重视孩子的感受时，孩子的心理和个性也会得到更加健康的发展。

当孩子遇到困难时，父母应当用包容的心态肯定孩子的付出与努力，多向孩子表达"继续坚持，你一定能行""你真是细心""你非常勇敢"等积极态度。家长笃定的语气，坚定的态度，语言背后的积极关注，会让孩子充满自信再接再厉，还会培养孩子的优秀习惯，最大限度地挖掘孩子发展的潜能。

三、跟孩子交流的时候，家长要懂得巧用无声语言

现实生活中孩子一旦出现问题，家长总是很焦虑，不停地唠叨，似乎只有不停地说，才能挽救孩子于水火。这样的爱太满、太重、太累，会让孩子非常痛苦、窒息甚至想逃离。

其实有时候，只需要一个微笑、一个拥抱、一个肯定的眼神，就能让孩子感受到家长的尊重与理解。沟通中的这些沉默时刻，这些无声的语言，往往要比对话更有魔力，更能让孩子敞开心扉，起到"此时无声胜有声"的作用。

和孩子对话过程中，彰显着父母的生活智慧

表扬是一种有效的教育方式，通过表扬可以让孩子知道自己的努力和成果得到了认可。然而，表扬也需要适度且恰当，避免过度或滥用。比如，长期被夸"聪明"的孩子容易形成固定型思维，在面对难以解决的问题时容易退缩、逃避，以避免暴露自己的"不聪明"；过度夸奖还容易使孩子骄傲自大，形成对自己的错误认知，忽视个人努力的意义。对于高中阶段的孩子，空洞的、过分的夸奖，会让他感觉到虚伪和压力。所以，恰当的表扬，应该关注孩子的努力和进步，遵循要及时、有度、具体的原则，夸细节、夸变化、夸努力，让孩子感到被认可和鼓励，从而提升他们的自我效能感。

在孩子的成长过程中，批评是不可避免的。相对于表扬，批评更是一门艺术，更要拿捏好恰当的原则：方式恰当，场合恰当，时机恰当。古人总结的"七不责"，非常值得我们借鉴：对众不责、懊悔不责、暮夜不责、饮食不责、欢庆不

责、悲忧不责、疾病不责。恰当的批评对事不对人，强调规则，不会揪住不放，能帮助孩子建立正确的是非观和责任观，促进他们的成长和发展。

心理学家苏珊·福沃德博士说，孩子会相信父母说的有关自己的话，并将其变为自己的观念。在家庭教育中，孩子的品德教育、文化素养、人格塑造，以及孩子语言能力的发展都来自父母语言的输入。孩子在家庭教育中几乎会全盘吸收父母语言中蕴含的所有信息，由此看来，父母语言在家庭教育中至关重要。作为家长，要学点语言的艺术，让自己永远站在包容、理解的角度上，冷静但不冷漠，坚定但不坚硬地表达爱、传递爱，助力孩子的成长。

（山东省济南第七中学　杜延霞）

教育孩子，父母要学点儿语言艺术

好习惯成就孩子好人生

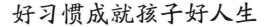

——小学阶段的家庭教养策略

经常听到家长这样教育孩子："你只要好好学习，其他什么都不用管。"一旦孩子考试成绩不好，家长就着急、生气、发火，于是各种"办法"接踵而至：又是给孩子报班补习，又是给孩子找一对一辅导，甚至有的家长亲自操刀上阵给孩子辅导功课。这种小学阶段就开始的"成绩内卷"现象，其实是典型的"捡了芝麻漏了西瓜"。殊不知相较于成绩而言，良好的习惯养成才是小学阶段最重要的"奠基工程"，是助力孩子行稳致远的关键。因此，小学阶段的家庭教养重点应该是孩子的习惯养成，这会让孩子受益终生。

行不言之教，做好习惯的示范人

引导孩子养成良好习惯，父母要走在老师前面，因为家庭教育才是孩子真正的起跑线。在家庭教育中，父母经常会对孩子说应该这样做，不应该那样做，以此来规范孩子的言行，这种空洞的说教所起的作用往往是短暂的，收效甚微。

众所周知，小学阶段的根本任务是养成教育，重在帮助孩子养习惯、立规矩。此阶段的孩子脱离了幼儿的蒙昧状态，个人主观意识逐渐增强，观察模仿成年人的言行举止，是孩子们慢慢成长的主要方法和路径，而父母则是孩子学习的首要对象。父母的一言一行、一举一动，孩子都会看在眼里、记在心里，并以此为榜样模仿效法。日常生活中，父母脏话连篇、不修边幅、犹豫不决、烦躁易怒等，都会被孩子悄然接受，视为人的"正常"反应；同样，当父母表现得随和宽容、井然有序、勇敢果断、谦让包容时，孩子也会有样学样，习惯成自然。"与善人居，如入芝兰之室，久而不闻其香，即与之化矣。"这里的"化"就是父母的行不言之教。所以在日常生活中，父母要自觉做孩子"模仿"的榜样，以身示教，做孩子好习惯养成的示范者。

从小处入手，做好习惯的培养人

小学阶段是习惯养成的黄金期。从事教育工作二十多年，我深知良好的习惯养成，对于孩子未来的学习成长多么重要。进入中学阶段，学业任务和压力成倍增加，而此时支撑孩子勇敢应对的，除了豁达的心态、父母的鼓励外，良好的学习习惯和生活习惯才能为孩子提供源源不竭的动力。智慧的父母应该结合孩子的实际情况和特点，注重培养符合孩子成长需求的良好习惯。

培养孩子规律的作息习惯。由于受手机、平板等电子产品的影响，越来越多的孩子作息不规律，晚上是"夜猫子"，白天则是"瞌睡虫"，家长倍感头疼。如何培养孩子良好的作息习惯，成为很多父母非常关注的话题。其实只要家长在生活中稍加用心，这个顽疾就会迎刃而解。首先，父母应该做到饮食有度、作息规律，除了重要节假日和家里的特殊情况可以适当变动外，其他时间都应制定家人共同遵守的作息制度。其次，要改变父母每天叫孩子起床的陋习，不能让家长活成孩子的"闹钟"，因为父母每天催促孩子起床是受自己情绪支配的，比如昨天刚发了工资，心情很好，对孩子三遍五遍不起床的包容度就很高；但是如果昨天碰巧发生了矛盾或者遇到了什么烦心事，今天对孩子不起床的包容度就很低，这种宽严无序、松紧无度的提醒方式，会让孩子无所适从，难以形成规律。家长不妨通过晚上听故事、按摩操等固定的"睡前小仪式"来促进孩子按时入睡，早晨通过一个朗朗上口的起床儿歌、一首轻快的起床音乐来唤醒孩子，久而久之，孩子形成良好的条件反射，就会养成早睡早起的好习惯。

当然，在刚开始培养良好作息习惯的时候，钟表响过之后，有些孩子依然会出现睡过头的问题，只要家长不干预、不包庇，让孩子接受晚起、迟到的自然后果——被老师批评，问题很快就会得以根治。

培养孩子持久的运动习惯。良好的运动健身习惯是孩子健康成长的基石，家长应该摒弃体育运动会让人头脑简单、四肢发达的错误思想，要知道真正高水平的运动员都是思维敏捷、动作协调、身心合一的"高人"，只有头脑和四肢完美配合，才能让身体的运动能力发挥到极致。在家庭教育中，有些家长一直都在教孩子如何去赢，却从没有教给孩子如何输得体面，如何做到虽败犹荣，获得对手的尊重。而坚持运动，是在物质极大丰富的今天，家长对孩子实施抗挫教育的有效路径。

父母需要根据孩子的年龄和身体实际情况设计锻炼强度，运动内容尽可能多样化，可把跑、跳、投掷、体操和游戏结合进行，让孩子在活动中体验竞争、对抗的魅力。如果家长带头锻炼，尤其是同孩子开展比赛类运动项目，更能激发孩子的兴趣，养成良好的运动习惯，在提高孩子身体免疫力的同时，也会塑造孩子持之以恒的品质。相反，平时家长懒得"动弹"，却像"工头"一样督促孩子运动，时间一长孩子就会产生逆反心理，把体育锻炼看成负担而不是乐趣，就会适得其反。

培养孩子科学的阅读习惯。小学段是孩子的阅读敏感期，但一些家长只注重孩子通过阅读提高成绩，却忽视了孩子通过读书促进人格的成长，构建丰富的内心世界。一些家长认为"有用"的书，孩子往往感觉枯燥无味，天天被迫读，久而久之就会厌烦；而孩子想读的书，家长却认为"无用"，不让他读。还有家长要求孩子读书后要写读书笔记、读后感、读书打卡……这些功利式的阅读，往往会导致孩子产生逆反心理，失去阅读兴趣。

要培养孩子的阅读兴趣和习惯，首先，不要以功利的心态去为孩子选书，选择书籍的唯一标准就是"孩子喜欢看"。我想告诉家长一个秘密，就是父母对孩子所有的期许和希望，都早已蕴藏在儿童读物中，甚至比家长表达得更引人入胜、润物无声。其次，不要当"考官"，在阅读的过程中，要忍住检查的冲动，不要附加任何的条件，要让阅读成为享受。如果在亲子阅读过程中，父母和孩子能通过角色扮演、感情朗读等方式，将孩子带入其中，会让孩子更加充分地感受到阅读的魅力和乐趣。

贵在持之以恒，做好习惯的陪跑人

追求舒适是人类自带的基因，在培养孩子良好习惯的过程中，难免会出现反复，要避免孩子出现"三天打鱼、两天晒网"的尴尬局面，需要父母做好这项"长跑"活动的陪跑人。当孩子想要放弃时，不要急于指责和焦虑，要和孩子一块找到问题的原因和解决的方法。"天下大事，必作于细"，要从容易做到的小事起步，不要企图一口吃成个胖子。在孩子出现动摇、放弃的关键节点，家长要及时给予鼓励和支持，让孩子体验亲情陪伴的力量，找到坚持的成就感。

当然，在孩子的成长过程中，远不止上述三种习惯需要培养，还有卫生习惯、饮食习惯、礼貌习惯、作业习惯等，都需要父母因人而异，注重差异，及时引导，久久为功，才能为孩子的一生奠基。

叶圣陶说："什么是教育，简单一句话，就是要养成良好的习惯。"拥有好习惯才能行稳而致远，作为家长，应该转变那种只要学习好就"一俊遮百丑"的错误认知，把培养孩子好习惯作为小学阶段家庭教育的重点，动心思，想办法，本着对孩子一生负责的态度去做，才会让孩子走得更远、更高。

（济南市莱芜区鹏泉大故事小学　陈宁宁）

好习惯成就孩子好人生

067

母亲在家庭教育中的影响

　　有人曾经说过："推动摇篮的手也是推动世界的手。"一个人品德的好坏，取决于母亲的引导教诲；一个人处世为人的态度，取决于母亲的言传身教。从事家庭教育研究多年，我深切感受到：母亲是生命的源泉，孕育了儿女的成长与梦想。在家庭教育中，她们对孩子的影响是深远而持久的。

　　首先，母亲的情感支持至关重要。她们往往是孩子温暖的港湾，给予孩子关爱、理解和安全感，让孩子拥有健康的心理状态。母亲作为孩子生命中最亲近的人之一，其情感支持和关爱是孩子建立安全感的基石。一个充满温暖、理解和接纳的母亲，能让孩子感受到被爱和被重视，从而形成稳定的内心世界，拥有足够的勇气去面对生活中的挑战。母亲的情绪稳定性对孩子的心理状态有着直接的塑造作用。如果母亲能够较好地控制自己的情绪，以平和、积极的态度应对生活中的压力和困难，孩子也会习得这种情绪调节的能力，具备较强的心理韧性。

儿童早期教育专家卡尔威特曾说过："要教育孩子，首先要教育他的母亲。母亲是孩子从出生开始接触到的第一个女性。这个女性的喜怒哀乐、一言一行都会被孩子像海绵一样完完全全地吸收到自己体内。"母亲通过言传身教，教导孩子基本的道德规范、礼仪和生活技能，为孩子的品德培养奠定基础。从孩子呱呱坠地开始，母亲轻柔的声音、亲切的话语就如同春雨般滋润着孩子的语言感知，为孩子营造丰富的语言环境，促进孩子语言能力的初步形成。母亲通过早期的启蒙教育，如教孩子识数、认字、辨认颜色等，为孩子的智力发展奠定基础。她们用生动的语言和形象的事例，激发孩子的好奇心和求知欲，培养孩子的观察能力、思维能力和解决问题的能力。母亲以身作则，教导孩子按时作息、保持个人卫生、学会自己穿衣吃饭等基本生活技能。这种日常生活中的点滴教导，为孩子日后的独立自主打下坚实的基础。

其次，母亲对孩子的性格塑造有着深远影响。母亲的乐观、坚韧、善良等品质会潜移默化地影响孩子。母亲温暖的怀抱、耐心的倾听和积极的回应，让孩子感受到爱与安全，从而有助于孩子形成稳定的情绪和积极的性格。母亲对待困难的态度、与人相处的方式，都在孩子心中种下性格的种子，决定着孩子未来形成积极或消极的性格特质。

母亲的性格对孩子性格的影响有很多直观表现：过度担心和缺乏安全感的妈妈会把情绪传递给孩子，导致孩子缺乏归属感和安全感，变得不自信；脾气暴躁的妈妈可能会影响家庭关系，导致孩子缺乏安全感，变得胆小懦弱；控制欲强的妈妈总是试图操控孩子的一切，可能会导致孩子产生讨好型人格，缺乏自主思考能力；妈妈不爱出门，则孩子也可能会因此变得孤僻、胆小，还可能沉迷于手机、电视。

为了孩子的健康成长，母亲应该努力保持积极、稳定的情绪，为孩子树立良好的榜样。同时，母亲也应该尊重孩子的个性和需求，给予他们足够的关爱和支持，帮助他们建立自信、独立和健康的人格。

再次，母亲在培养孩子的社交能力方面也发挥着关键作用。母亲带孩子参与社交活动，教导孩子基本的社交礼仪和规则，孩子通过观察母亲与他人的互动方式，包括语言表达、面部表情、肢体语言等，来学习如何与人交流和建立关系。如果母亲待人友善、善于倾听、尊重他人，孩子往往也会模仿这些积极的社交行为。一个给予孩子充分鼓励和支持的母亲，会让孩子相信自己的能力，敢于主动与他人交往。相反，如果母亲过于严厉或批评过多，孩子可能会变得胆怯、自卑，在社交中缺乏主动性。在温暖、和谐、充满爱的家庭环境中成长的孩子，通常更具同理心和包容心，能够更好地理解和处理与他人的关系，学会与他人互动和合作，为孩子日后融入社会、建立良好的人际关系打下坚实的基础。

另外，母亲与孩子的交流方式和质量也会影响孩子的语言发展和沟通能力，而这是社交能力的重要基础。善于引导孩子表达自己想法和感受的母亲，能够帮助孩子提升表达能力和沟通技巧，使其在社交场合中更加自如。母亲在孩子社交遇到挫折时的反应和引导，也会影响孩子对待社交困难的态度。如果母亲能够给予安慰、分析问题并提供建议，孩子会更有勇气和智慧去面对和解决社交中的挑战，从而不断提升社交能力。

还有，母亲对于孩子的学习也有着激励和引导的作用。她们关心孩子的学业，鼓励孩子努力学习，培养孩子的学习兴趣和习惯。若母亲自身热爱学习，经常阅读、思考，孩子会受到这种积极氛围的熏陶，认为学习是生活中自然且重要的一部分，从而更有可能养成良好的学习习惯。母亲在激发孩子的好奇心和求知欲方面也起着重要作用。母亲带着孩子观察周围的世界，解答他们的疑问，鼓励他们去探索和尝试新事物，为孩子日后的学习和成长埋下兴趣的种子。母亲的教育方式决定了孩子对学习的初始感受。温和而有耐心的母亲，能够在孩子遇到学习困难时给予鼓励和引导，帮助孩子建立克服困难的信心，使他们不易对学习产生畏惧和抵触情绪。母亲对孩子学习兴趣的培养起着关键作用。通过发现孩子的天赋和喜好，母亲可以提供相应的学习资源和机会，激发孩子对特定领域的探索欲望，从而培养出浓厚的学习兴趣。母亲在日常生活中的引导和陪伴也至关重要。比如，一起参观博物馆、图书馆，参加科普活动等，能让孩子在轻松愉快的氛围中感受知识的魅力，拓宽视野，进而对学习产生更多的热情。

当然，母亲在孩子遭遇挫折和失败时的反应，也会影响孩子的心理应对模式。鼓励孩子从失败中学习，培养他们面对挫折的承受能力，会让孩子形成乐观、坚韧的心理特质。

古语云："闺阃乃圣贤所出之地，母教为天下太平之源。"母教，对孩子的教育起着无可替代的作用。家庭教育在一个人的成长中具有非常关键的作用，而母亲的教育则是家庭教育中极为核心的因素。最新的科学研究表明，如果小时候与母亲关系较好，65%以上的人容易交到朋友，人际关系较好；而如果小时候与母亲不够亲密，则70%以上的人会出现人际关系紧张等问题。母亲在家庭教育中的影响是深远而广泛的。她们的关爱和教育方式对孩子的成长和发展有着长久而深刻的意义。

（济南市历城区教育教学研究中心　苏　文）

唤醒孩子成长的内驱力

　　"学习的事一点儿也不着急，玩游戏就乐此不疲。""写作业太应付了，潦草糊弄不管对错，也不知道他到底会不会。""一句话也听不进去，还没开始说他就先急起来了……"这些现象的背后，其实是孩子自身缺乏内驱力。如何唤醒孩子本身的内驱力？身为父母的我们应当不断调整自己的养育方式，学做教练型父母，尊重孩子成长的规律，用智慧激发孩子成长的自主性，以开放的心态助力孩子走好未来的人生路。

　　　　　　理性分析，走出认知的误区

　　内驱力，也叫内在动机，是一个人发自内心地想要去做某件事，这种力量其实是我们每个人与生俱来的。新生儿在好奇的驱使下用眼睛观察世界、用手脚探索世界，幼儿在独立意识的觉醒中选择自己喜欢的食物和玩具，一年级小学生在胜任感的激励下骄傲地告诉妈妈他学会了写字、拿到了双百……这点点滴滴都是孩子内驱力的表现。为何随着年龄的增长，家长会越来越感觉孩子内驱力缺乏了呢？事实上，是我们的认知出现了问题，需要用智慧走出误区。

一、走出"唯学习论"的误区

从孩子入学开始，家长的诉求就不只是满足于孩子吃好喝好身体好了，而是希望他能够学习刻苦、成绩优异。然而，成长又怎么可能只是学习一件事，因此，请不要只关注孩子在学习领域的内驱力。他热爱运动，喜欢踢足球；她爱听音乐，愿意唱歌跳舞；她喜欢小动物，能够细心照顾好家里的小猫小狗；他人际交往能力强，有很多好朋友……每一个孩子擅长的事情是不同的，在不同的领域获得的胜任感和成就感会不断激发他的内驱力。

二、走出"居高临下提要求"的误区

鸡蛋从外打破是食物，从内打破是成长。我们总是忍不住打着"都是为你好"的旗号对孩子的成长发号施令。然而随着孩子年龄的成长，当他开始意识到自己是一个独立的个体的时候，面对家长的要求，第一反应可能就是反抗，又或者孩子被迫服从，家长让做什么就做。无形之中，家长的居高临下彻底打破了孩子本身具有的内驱力。

三、走出"物质奖励"的误区

很多家长在教育孩子时经常会说："只要你好好学习，考个好成绩，你要什么爸爸妈妈都给你买。"而这样的方式用多了就会逐渐失去效果，甚至还会引来孩子的反感。罗切斯特大学心理学荣誉教授爱德华·L.德西通过实验得出结论：外部奖励会损害内在动机，最后期限、强加的目标、外在的监督和评价也都可能会破坏内在动机，而这些恰恰是家长最常用的激励策略，所以才会适得其反。

转变行为，做教练型父母

在体育比赛中，教练是那个用专业指导帮助运动员不断激发内在潜力和动力进而实现自我提升的人。做教练型父母，掌握亲子沟通的技巧，引导孩子去尝试、去体验、去激活心灵内在的力量，让我们的孩子以自己喜欢的、想要的方式去过好他自己的幸福人生。

一、读懂孩子，让良好的亲子关系为孩子成长赋能

中学生小宇（化名）出现严重的厌学情绪，感觉上学没有意思，做什么事情都没有意义。"我爸妈对我又没有要求，上不上学都无所谓。"原来小宇是个早产儿，父母及家人从他出

生开始便百般呵护，不舍得让他吃一点儿苦，受一点儿委屈。"他们说学不会没事，健康最重要，那我为什么要难为自己。但是生病落下功课的时候心里还是很难受，考试考不好也会难过，如果被老师表扬我会高兴好几天……"

根据马斯洛需求理论，我们每个人不只有生理、安全、社交的需求，也会有尊重和自我实现的需求。随着年龄的增长，小宇越来越渴望被认可，渴望能胜任、能独立自主，但是父母只关心其生理与安全等低层次需求，没有给到他追求高层次需求的助力和支持，导致孩子出现无力感和严重的厌学情绪。身为父母，我们一定要学会读懂孩子的需求，不是只听他说什么、做什么，而是分析他言语行为背后真正的需求。营造良好的亲子关系，并能够及时给孩子必要的鼓励、支持、鞭策，帮助他激活自身的内驱力。

二、善用表扬和批评，引导孩子学会正确的归因方式

新时代的父母，大多是经历严格的家庭教育成长起来的，随着自身文化水平的提高，以及社会多元化的发展，越来越注重接受新的理念和事物，也会更多地反思和"控诉"传统家庭教育的问题，更喜欢用鼓励式、民主式、宽松型的教育方式来对待自己的孩子。表扬与鼓励本身没有问题，然而随着孩子年龄的增长，我们应该让自己的评价更科学，更有利于帮助孩子成长。

当我们习惯性地把成就与聪明关联在一起的时候，孩子便会觉得自己做得好是因为聪明，如果做不好就会认为是运气不好等外界因素导致的，或者就是认为自己不够聪明。这两种认知都不利于孩子今后的成长，会让孩子变得自大抑或自卑，因为运气和能力都是不可控因素。根据心理学家韦纳的归因理论，无论成功还是失败，归因于努力都比归因于能力更能引发强烈的情绪体验。因此，在给予孩子表扬抑或批评的评价时，我们应当更多地帮助孩子看到自身付出与结果的关联，这样更有利于孩子学会使用"努力"这一可控性因素，不断提升成功的可能性。

三、巧妙增减，将外驱力转化为内驱力

做教练型父母，我们不仅要读懂孩子，与孩子建立良好的关系，更应该善于运用工具，把握和制造机会，借助环境的力量来促进孩子的成长。

游戏的吸引力更多来自它的及时正面反馈，家长也可以借助一些工具形成反馈体系，可以与学校的奖励小红花、积分制等方式进行结合。比如面对孩子学业成绩提升的任务，我们可以先帮孩子制订一个切实可行的目标计划，根据孩子的表现再分阶段进行反馈激励。先通过外驱力帮助孩子有一个好的开始，在日复一日的坚持中，帮助孩子享受成功的喜悦，感受学习的快乐，进而找到胜任感、成就感，这就顺利将外驱力转化为了内驱力。此时的家长应当学会放手，让孩子自主设置新的目标任务，逐步体会自主感。当孩子可以决定什么时候学、学什么的时候，他的自主权也就释放出来了。特别是处于青春期的孩子，"自己做主"这件事对他们来说十分重要。

有人曾说："好孩子不是得第一名，而是被唤醒了内心的种子。"培养孩子的内驱力，是一个漫长且需要不断探索的过程。希望每个父母都能用智慧走出教养的误区，做教练型父母，点燃孩子生命里的那把火。

（济南高新区东城逸家初级中学　孙付利）

培养"勤快娃"的家长智慧

　　培养勤奋、独立、有责任感的娃，是每位家长的热切期待。然而现实却有些"残酷"。暑假期间家访，倾听了不少家长的诉苦——

　　"孩子早上不起，晚上不睡，啥活儿也不愿干，还经常发个小脾气。"

　　"每天操心他的作业进度，还要时刻提防他沉迷电子游戏，这心操得比上学时还累！"

　　"假期里，孩子很懒，不爱学习，整天只顾着玩。好不容易坐下来了，却磨磨蹭蹭，这里摸一下，那里扯一下。掏出作业本，迟迟下不了笔，不是发呆，就是拿着笔抓耳挠腮。"

假期里孩子在家的种种表现，让许多家长焦虑不已。究其原因，每一个懒惰孩子的背后都有"越位"的家长。孩子的问题往往是父母问题的折射。现在很多父母普遍感觉很累，孩子打不得骂不得，磨破嘴皮孩子也不听，气急了话说得重点儿还要内疚、反省，担心给孩子留下心理阴影。父母感觉累的实质是希望孩子能成为自己心中的"好孩子"，执着于控制孩子的成长节奏和方向，不允许孩子试错，故而恐惧和焦虑。父母以为孩子总犯错，所以才不断纠正，事实是因为父母对孩子否定多、管得多，才导致孩子失去自驱力。爸妈的过度"勤快"，造就了太多的"懒娃"。

俗话讲"娘勤孩子懒"。不少勤快的父母过度地为孩子包办一切，剥夺了他们学习和成长的机会，导致孩子"积懒成笨"。这种"懒"，在学习上的表现主要有三个方面：一是态度上的懒散。对待学习不敬畏，毫无规划，学习出现问题没有羞愧感。二是行为上的懒散。学习不用心，爱开小差，作业能拖就拖，总是被大人逼着学习。三是思维上的懒散。孩子看着很努力，该看书就看书，该做题就做题，但其实是"假努力"，方法不对，努力白费。学习没有针对性，不爱动脑，不去深度思考。

事实上，生活中没有几个真正的笨孩子，只有被"懒"拖垮的孩子。面对现代不少孩子"积懒成笨"的现象，作为新时代的父母，要学会"偷懒"，用智慧的方式培养孩子"勤奋"等优秀品质。

学会放手，给予足够的信任

随着孩子不断成长，父母要学会放手，让孩子做自己能做的事，引导孩子独立面对生活中的困难和挑战，让孩子找到生存之道，找到与他人、与社会和谐共处的方式，在实践中锻炼自理能力。

当孩子遇到困难时，父母要给予孩子足够的空间和时间去探索、去尝试。不要总是担心孩子会犯错或受伤，要相信他们有能力自己解决问题。时刻牢记孩子才是解决问题的主体，在孩子成长过程中，总会面对各种问题。即使孩子犯错、走弯路，也不要过于苛责，而应以宽容和理解的心态去引导他们。家长要给予孩子足够的信任，相信他们有能力自己解决问题，父母的信任能够给予孩子面对困难和挑战的勇气，从而更加积极地寻找解决问题的方法。

给予支持，提供资源和信息

提倡父母"懒"一些，给孩子更多的锻炼机会，但并不意味着完全不管不问。当孩子遇到难题时，父母可以提供一些必要的支持，这种支持是启发式的，而不是直接告诉孩子答案。比如，询问孩子对问题的看法，了解他们的思考过程并给予引导："你觉得这个问题可能是什么原因导致的？""还可以用哪些方法来解决？"鼓励孩子发表自己的见解，尊重孩子的意见和想法。在这个过程中可以为孩子提供解决问题所需的资源和信息，比如书籍、网络资料、工具等。鼓励孩子在探索和实践中找寻问题的最优解。

这种启发式的引导，不仅能够引导孩子掌握具体的问题解决技巧，还能培养孩子逻辑思维、批判性思维及创新思维。

用心陪伴，耐心观察并反馈

在孩子做事时，家长要用心陪伴，侧耳倾听，用第三只眼睛去观察，适时反馈和鼓励。对他们的思考过程、尝试的方法等进行评价和指导。比如，"我看到你尝试了很多方法，这个思路很不错！"或者"你觉得这个方法不太行，可以再尝试别的方法呀"。这样的反馈可以帮助孩子更好地调整自己的思路。当孩子取得进步时，与他们一起分享喜悦，这样孩子才能在不断的实践和磨炼中逐渐学会独立。

树立榜样，潜移默化地影响

父母的言行举止会对孩子产生潜移默化的影响。父母要以身作则，展现出独立自主的品质，为孩子树立榜样，让孩子感受到学会独立的重要性。父母可以通过自己的言行举止展示自己是如何解决问题的。比如，当父母遇到问题时，可以让孩子看到自己是如何分析问题、寻找解决方案的，展示出解决问题的过程，让孩子从父母身上学到解决问题的方法和态度。

教育孩子是一项复杂的系统工程，需要长期思考和经营。孩子的个性千差万别，教育从来不能一概而论，更不能依葫芦画瓢。做一个"懒爸妈"是一种教育策略，要用心去懒，这并非易事，需要家长具有"智慧"。

一是设定清晰的界限和规则。做"懒爸妈"，并不意味着放任孩子。相反，设定明确的规则和期望是非常重要的。让孩子明确：哪些行为是被接受的，哪些是不被接受的；哪些是他们自己应该承担的责任和义务，哪些是可以寻求父母帮助的情况。例如，孩子需要自己整理书包，准备第二天上学所需的物品，而遇到无法解决的难题时可以向父母请教。当然，一旦制定了规则，父母要以身作则，带头遵守。

二是鼓励孩子自主决策，培养责任感。尽量让孩子自己做决策，即使这些决策在父母看来可能不是最优的。通过让孩子自己做决定，他们可以学会权衡利弊、承担责任，并逐渐形成自己的价值观。比如，让孩子选择自己喜欢的衣服，决定周末的活动安排等。这样不仅能培养孩子的独立思考能力，还能增强他们的自信心。当孩子明白自己的行为会对他人产生影响时，他们会更加谨慎地做出决策，并学会为自己的行为负责。

三是适时表扬和鼓励。当孩子表现出勤快的行为时，父母应该及时给予表扬和鼓励，让他们感受到自己的努力和付出得到了认可。这样可以增强孩子的自信心和动力，促使他们更加努力地表现自己。当孩子遇到挑战时，父母要鼓励孩子勇于尝试，即使失败也不要紧，因为失败是学习的一部分。通过失败的经历，孩子可以总结经验教训，找到更好的解决方法。父母可以告诉孩子："没关系，你可以再试一次。"这样的鼓励可以让孩子更加勇敢地面对挑战，学会在困难中成长，逐渐培养出坚韧不拔的品质。

四是正视孩子的特点。世界上没有两片相同的树叶，孩子也一样。每个孩子都是不同的，各有特点。只是某些特点恰好是父母不喜欢的，就成了缺点。只有看到孩子的特点，才能做到真心欣赏，才能不带成见地观察孩子，才能对孩子保持同理心，站在孩子的立场上看世界。真正的懒爸妈是懒得理解孩子，只想照着"成功"家庭"抄作业"的父母。这里所说的"懒爸妈"的"懒"并非指真正的懒惰，而是指父母在育儿过程中要有意识地减少直接干预，让孩子有更多的机会去尝试，去体验，去"犯错"。而"智慧"则是指父母在育儿过程中采取一种更为宽松、引导式的方法，以培养孩子的独立性、自主性和解决问题的能力。

"勤快娃"也并不只是成绩优秀的孩子，而是那些充满自驱力、热爱生命的孩子。因此，爸妈之"懒"是为了保留孩子生命的原动力，有意地退后一步，懒之有道，给孩子自我成长的空间。

（济南市历城区文苑小学　孙立华）

做一位"不扫兴"的家长

在孩子茁壮成长的征途中，父母无疑是引领方向的灯塔，其影响力无可估量。遗憾的是，有些父母不经意间便化身为"梦想破灭者"，一次次令孩子的满心期待悄然熄灭。这种不经意的行为，给孩子本该多彩的童年留下太多遗憾。因此，要做一位"不扫兴的父母"。只有那些能够用心倾听孩子心声、用爱滋养孩子成长的父母，才能真正成为孩子人生旅途中最坚实的后盾和最温暖的港湾。

"扫兴式父母"现象

"扫兴式父母"，这是一个深刻反映家庭互动中情感交流障碍的术语。当孩子迫不及待地与父母分享他们的快乐与发现时，却意外地遭遇了来自父母的冷淡或否定。这种无形的"冷水"，不仅熄灭了孩子们心中的热情之火，更在他们幼小的心灵中留下难以磨灭的阴影。

随着时间的推移，这种负面互动模式如同一种无形的枷锁，束缚孩子与父母之间的情感交流，孩子逐渐学会自我封闭，不再轻易地向父母敞开心扉。这种转变，往往被父母误解为孩子的"冷漠"或"孤僻"，其实，这正是"扫兴式父母"日常与孩子的互动模式带来的必然后果。

"扫兴式父母"缺少必要的情感回馈。"扫兴式父母"往往对孩子的情感需求置若罔闻，当孩子们满怀热情地向他们倾诉心声时，得到的仅仅是敷衍的"嗯""啊"之类的回应。这种缺乏同理心的态度，让孩子深切地感受到孤独与无助。例如，当一个孩子满怀爱意地为母亲精心准备了一份生日礼物，希望给她一个意外的惊喜时，母亲却开始喋喋不休地责备孩子不懂得节约，这无疑会在孩子的心灵中留下难以磨灭的伤痕。

"扫兴式父母"的掌控欲尤为强烈。他们试图将孩子的日常生活与社交活动牢牢把握在自己手中，从日常的衣着打扮，到关乎未来的学校选择、朋友交往，无不充斥着父母自身的期望与标准。这种过度的干预，无疑会给孩子带来沉重的压力，使他们难以自主成长。举个例子来说，当孩子满怀欣喜地向父母介绍自己新结交的好朋友时，父母却往往以"这孩子学习不够努力""卫生习惯也欠佳"等理由，让孩子与这位朋友保持距离。这样的回应，不仅打击了孩子的自信心，也影响到他们的人际交往与自我认同。

"扫兴式父母"习惯性持否定态度。他们对孩子的表现与成就持有一种莫名的挑剔，似乎总能在孩子的成功中找到不足之处。他们往往以"爱"的名义，告诫孩子"别骄傲"，却忽略了给予孩子应有的肯定与鼓励。而当孩子遭遇失败或表现不尽如人意时，父母的反应更是严厉而苛刻，对孩子进行无休止的批评与指责。这种鸡蛋里挑骨头的行为，以及反复翻旧账的做法，会在孩子心中埋下自卑与挫败的种子。

"扫兴式父母"情绪不稳定。"扫兴式父母"很容易将愤怒、焦虑、抑郁等负面情绪不加掩饰地在孩子面前展现，极可能对孩子的心理健康造成深远的影响。当父母因工作繁重而承受巨大压力时，其情绪状态往往难以自控，回到家中便整日眉头紧锁，唉声叹气，仿佛整个世界都笼罩在一片阴霾之中。而每当孩子试图以纯真的笑容驱散这份沉重时，父母却可能因情绪失控过度解读孩子的行为而大发雷霆，让孩子在不经意间成为情绪暴力的受害者，生活在一种胆战心惊、如履薄冰的紧张氛围中。这样的环境，可能会对孩子的成长带来伤害，阻碍他们形成健康稳定的心理特质。

"扫兴式父母"的潜在伤害

"扫兴式父母"容易破坏亲子关系，使孩子对父母产生不满甚至怨恨。与此同时，孩子内心总是背负着对父母深深的愧疚及自我怀疑，积极性和自信心会受到严重打击，逐渐变得自卑、怯懦。更为严重的是，孩子的这种怯懦情绪往往伴随着持续的自我怀疑与否定，形成恶性循环。

与此同时，"扫兴式父母"还像一片阴霾，让孩子的世界充满沮丧、失落、焦虑，如同挥之不去的阴影，笼罩在他们的心头，导致孩子逐渐形成消极悲观的个性，阻碍孩子的探索欲望与发展能力，不敢尝试新鲜事物。

值得注意的是，"扫兴式"养育下的孩子在人际交往方面显得力不从心。他们在与人相处时，往往因为缺乏自信而显得胆小懦弱，难以勇敢地表达自己的真实想法与感受。这不仅会限制他们社交圈子的拓展，更可能对孩子共情能力的养成带来不利影响，使他们在面对他人时显得冷漠而疏离。

著名作家三毛的才情被大众认可和喜爱，但她发现自己无论怎样优秀，都难以得到父亲的赞许。在她写给父亲的信里，言语充满悲凉："我一生的悲哀，不是没有赚得全世界，而是请你欣赏我。"其实每个被否定的孩子都会敏感、自卑，终其一生都在苦苦追求父母的认同与赞许。

如何做"不扫兴的父母"

"不扫兴"是一种共情能力，是一种得体友善的表达和相处模式。那么应该怎么做才能成为"不扫兴的父母"呢？不妨试试去接纳孩子的兴趣，向孩子展示自己的兴趣，创造轻松自在的家庭氛围，这样才能避免无效陪伴，构筑健康牢固的亲子关系。

理解孩子的梦想和追求。当孩子满怀憧憬地向我们分享自己的想法时，我们不应以成人的眼光和标准去评判，而应给予他们真诚的倾听和支持。每一个孩子都有自己独特的天赋和潜力，我们要相信他们的能力，鼓励他们去勇敢尝试，而不是轻易地泼冷水。

学会欣赏孩子的努力和进步。在孩子成长的道路上，每一次小小的成功都值得我们为之骄傲和喝彩。不要只关注结果，而忽略了过程中的付出和坚持。当孩子遇到困难和挫折时，我们要成为他们坚强的后盾，给予他们鼓励和帮助，让他们知道失败并不可怕，只要坚持努力就会有收获。

尊重孩子的选择和决定。孩子是独立的个体，他们有自己的想法和意愿。我们不能把自己的意志强加给他们，而应给予他们自主选择的权利。让孩子在自由的氛围中成长，培养他们的自主性和责任感，这样他们才能更好地面对未来的挑战。

在孩子犯错时学会鼓励。每个人都会犯错，谁不是在成长的路上跌跌撞撞。孩子的心灵是脆弱的，与其批评，不如跟着孩子一起追溯错误的原因，寻求正确的方法。

做一位"不扫兴的父母"，为孩子精心打造一个充满希望与梦想的世界，让他们在爱的滋养下，快乐无忧地度过每一个珍贵的童年时光。我们应当如同那温暖而明媚的阳光，驱散孩子心头的阴霾，给予他们无尽的温暖与慰藉。让孩子在成长的旅途中，时刻感受到爱的力量与支持的温暖，从而拥有坚定的信念与勇往直前的勇气。

（山东师范大学附属小学　孙丽娜）

"新三世同堂"的家庭和谐之道

——从孩子的笑声到老人的智慧

　　随着国家放开二孩生育计划，多子女家庭的比例逐渐呈上升趋势，父母养育孩子的压力和焦虑也与日俱增。很多祖辈老人主动投入带娃队伍，代际关系也从第三代的出生开始变得愈加紧密。有数据显示，近八成的家庭有祖辈参与教养。其中婴儿阶段占77.7%，幼儿园期间占72.9%，小学阶段占60.1%，农村祖辈教育更是高达90%以上。三世同堂、子孙绕膝是很多家庭向往的融洽画面。然而，同在一个屋檐下，夫妻之间、婆媳之间、亲子方面出现的诸多问题，不同程度地影响着家庭和谐及孩子的健康成长。如何既做好孩子的父母，又做好父母的孩子，度过人生中"上有老下有小"的关键阶段，成为中间一代经营家庭的必备技能。

百善孝为先，敬养老人者，子女恒效之

自从新生命降临，亲眼见证成长的神奇常让我们心生惊喜，"围着孩子转"成为很多家庭的常态。父母有责任为孩子的健康成长提供足够的支持和指导，比如健康的饮食、充分的睡眠、适度的锻炼、优质的教育等。然而，万物守恒，此消彼长。当我们沉浸在对下一代的高度关注中时，是否也忽略了对上一辈的有效关爱呢？常言道："父母在，人生尚有来处；父母去，人生只剩归途。"当岁月还能给我们留下宝贵的共处时光，我们应该关注每位家庭成员的需求和利益，以保持家庭良好的情感状态和稳定的家庭关系。

"读尽天下书，无非一孝字。"传统孝道是中国的文化基因，"敬养父母"是基本的孝道。然而，尽孝难在"色敬"，尤其是在日复一日的生活中，老人对我们的关爱和帮助仿佛变成了理所当然。然而，再强的爱也难抵日常琐碎的消磨。于是，有的老人会选择子女下班后隐身于卧室、出去遛弯，或者在节假日回老家寻个清闲。子女则认为，结束了一天的工作到家后，还未得喘息，老人就急切地把孩子甩给自己，子女嘴上不说，却心生不满。新手父母与老人之间的误会也就产生了。

设想，老人是不是也可以婉拒子女的邀约，选择在家里安度晚年呢？答案是当然。然而，老人依旧在子女需要时"披挂上阵"。这背后也隐含着老人坚定的取舍。因此，作为子女，我们要端正对老人的态度，一定要心怀感恩，敬养老人，平时与老人交流要和颜悦色，不要吝啬表达对老人所做的家务的感激，主动将老人纳入外出旅行规划中，节假日也为老人准备一些有仪式感的礼物和惊喜……

父母是孩子的一面镜子，孩子会成为效仿父母言行的影子。央视的一则公益广告——当妈妈每天坚持为爷爷洗脚时，小孙子也会憨笑笨拙地模仿，祖孙三代幸福微笑的画面是孝道的无缝衔接。父母的身体力行使得孝道成为孩子自然的生发。

家庭合伙人，既要同向而行，又要守好边界

现实生活中，还存在一个不容忽视的问题——在"新三世同堂"家庭中，祖辈和父辈在家庭教育中存在一些分歧。听听楼下阿姨们的聊天日常就可见一斑。"炒菜不能太咸""雪糕不让碰""电视不能看""看手机都得躲到卧室里"……而新手妈妈们也坚信，科学养育优于粗放养育，于是，闺蜜圈里吐槽婆婆的也不在少数。当老人带孩子时出现意外磕碰，新手妈妈心里也习惯性埋怨老人照顾不周。其实，跳出互相

指责的怪圈来看，婆媳在养育方面的差异主要是由代际成长环境、认知层面、教育程度、生活习惯、反应速度等多因素造成的。当然，还有一个很重要的因素，就是俗话说的"隔辈亲"。老人容易对孙辈产生远大于自己孩子的包容度和宠溺度，使得孙辈产生宠溺依赖问题。老人对电子产品的管控程度、对信息的筛选能力、对孙辈的护短包庇等，也都容易成为家庭矛盾爆发的导火索。

目前，"新三世同堂"家庭教育中的主要问题是祖辈越位、父辈缺位。新颁布的《中华人民共和国家庭教育促进法》明确规定"父母要亲自养育，加强亲子陪伴"，清晰标明了父母是孩子成长的第一养育责任人，父母与孩子是家庭教育的核心所在，父辈不能将教养自己儿女的责任推给老人了事，遇事要多跟老人开诚布公地沟通。而祖辈也应明确个人的教育边界，在父辈教育子女时学会"撤回"过多的管控与心疼。父辈和祖辈可以共同设立家规家训，注重长辈的个人行为示范性；在孩子面前，祖辈要充分维护父辈的教育权威，并适时给予协助；当双方教育理念发生冲突时，要以父辈的意见为基本方向；双方都坚守原则，避免逾越底线纵容孩子，不让"隔代亲"成为"隔代娇惯"。

"父母之爱子，则为之计深远。"在"新三世同堂"家庭中，老人既然承担了一部分父母的责任，就应达成作为

"家庭教育合伙人"的角色共识，既能给予孩子无私的爱，又能将爱控制在规定范围内。有边界感的家庭关系让家人之间更添尊重与理解，而爱与规则也是孩子成人成才路上的两盏明灯。

高质量带娃，唤醒老人在育儿中"老有所为"

孩子成人成才是家族的希望，老人长寿安康则是家族的福泽。中间一代也应看到，老一辈的人生经验也是家庭教育中的宝贵财富。

2022年，6岁男童王恒屹与奶奶组成的"知否组合"赢得央视一套《中华诗词大赛》特别节目"中秋诗会"总冠军。王恒屹背后站着的就是一位"别人家的奶奶"。由于父母常年在外地工作，王恒屹从小由奶奶抚养。在抚养王恒屹的过程中，奶奶何霞通过自己吟诵诗词、言传身教让王恒屹养成了吟诵诗词的良好学习习惯。而在2024年巴黎奥运会游泳赛道屡破纪录的新"飞鱼"——潘展乐背后也有一位可敬的外公伴随左右。无论刮风下雨，哪怕是台风天，外公都会风雨无阻地送他去游泳班，这练就了其扎实的运动功底，"有策略"的鼓励和亲自布置的"奖牌蚊帐"成就了潘展乐面对压力时的充分自信。每次提及潘展乐，外公总会铿锵果断地透露出对外孙的充分信赖："我相信他是天下第一。"这也启发我们中间一代未来可以多带老一辈参与学习，共同讨论，拓宽家庭教育视野。当老人跟上时代发展步伐，就有可能发挥其时间充裕、心态平和、经验丰富的优越性，在高质量带娃中"老有所为"。

我们家就是典型的祖孙三代的六口之家。有人说和公婆住在一个屋檐下是非多，我却感觉老人是家庭教育中的宝。老人身上有着勤劳朴实、谦虚仁爱的品质。他们发出的光和热，父母亦无法取代。当家庭里传来老人和孩子爽朗的笑声，也是我们中间一代的幸福时刻……

（商河实验中学　　翟　杰）

用智慧与手机"争"孩子

在人工智能高速发展的时代，智能手机就像人类新长出的"外挂器官"，高度嵌入我们的生命中，使得我们的生活"如虎添翼"，但也随之萌生出许多隐患，比如手机上瘾。很多青少年"机"不离手，被牢牢锁在其中，不仅影响了学业，更严重损害了他们的身心健康。身处科技赋能教育的浪潮中，单纯地让孩子成为"脱网隐士"是不现实的。如何变身有谋略的"硬核家长"，用智慧与手机"争"孩子，成为每位家长不得不面对的时代性课题。

变身"大侦探"，洞见心理需求

"智慧争夺"的第一招需要家长变身"大侦探"，戴上夏洛克·福尔摩斯的帽子，将外在行为表象视为问题线索，怀揣好奇心探究行为背后的"为什么"，如剥洋葱般褪去层层外皮，直抵孩子心理需求的内核。

手机上瘾往往与未满足的需求有关，内心需求未被满足的孩子会产生"心理饥饿感"，竭力从手机中寻找慰藉。被手机占据生活主场的孩子往往缺乏人生理想或学习目标，精神"营养不良"，而这些迷茫挫败恰恰能在手机中得到补偿。学习不是轻松努力就能即刻显现成果的，但在游戏中他们一经努力便能看到收获，手机自然成为他们"自我疗伤"的工具和解压神器。同时，手机就像一枚"社交货币"，是治愈孤独的一剂"良药"。孩子们可以暂时脱去孤僻、内向、自卑、失败的外衣，用一种全新的身份在新世界中"改头换面"，广交朋友，甚至还会背负拯救世界的重任，意气风发，呼风唤雨，体验一把"另世英雄"的人生脚本。

由上述分析得出，家长若能"喂饱"孩子的心灵，多渠道满足孩子对自主感、归属感和胜任感的需求，给足"精神养分"，孩子也就不那么容易被手机奴役。首先，家长要从事无巨细的掌权转向策略性的引导，邀请孩子一起制定"手机使用家庭公约"，切忌把双方的"约定"变成单方的"规定"，要请孩子做公约执行监督员。很多家长命令孩子戒掉手机，孩子并不抵触事情本身，却因为抵触"在这段关系中成为被命令的人"而拒不服从。

用智慧与手机『争』孩子

099

其次，家长要从良好的亲子关系入手，用"人在心也在"的高质量陪伴取代屏幕时间。家长要练就一颗包容的"大心脏"，运用耐心和智慧来纠偏，切忌出于震怒而冲动地抢走孩子手中的手机，把孩子逼到"自尊岌岌可危、前方无路可走"的墙角。如果家长一味简单粗暴地禁止，很可能激活孩子的逆反心理，为保护"精神领地"，他们会毅然站到对立面，"越禁越为"，更加依赖手机。

最后，家长要培养孩子动手、动脑、健体、审美、交际等方面的兴趣，用更富思想深度的爱好打造孩子的"精神后花园"；鼓励孩子在现实中多结交朋友，与人为善，时常助人，收获灵魂深处的关系碰撞；还可以趁着寒暑假带领孩子追逐"诗和远方"，让精神"换上轻装"，给头脑"松绑"，让孩子与大自然产生正面连接，从真实世界中汲取滋养。

变身"智多星"，阻断诱惑来源

"智慧争夺"的第二招需要家长变身"智多星"，依据孩子的个性特点，寻找多种能把孩子从虚拟网络中"拉"回现实的解决方案。

家长会发现，只要手机在身边，孩子很容易三心二意，思维被"挟持"，像胶水一样被死死粘在屏幕上，无法投入学习。这是因为我们的大脑被驯化为期待时刻在线的状态，沉溺在各种"人际关注"里，渴求看到消息提示的小红点。当屏幕亮起，微信或QQ消息闪动，它们就像吸走注意力的黑洞，将孩子瞬间卷入手机光怪陆离的世界里。

心理学有一个技巧叫"尤利西斯式束缚"，大意指为了抗拒当前的诱惑，追求长远的目标和理想，我们要主动设置阻碍、减少选择。它起源于这样一个典故：尤利西斯为了抵抗住海妖歌声的诱惑，安全地驶过海峡，他命令水手用蜡封住耳朵，将自己提前绑在桅杆上。这个技巧告诉我们：当手机欲望的浪潮席卷而来时，比起考验自己有限的自控力，一个更合理有效的方式是主动远离诱惑，把自己调成"屏蔽"模式，创造出一个无须自律的环境。

一方面，要制造孩子与手机之间的物理距离，让诱惑源远离他们的视线，比如卸载短视频或游戏软件；让人修改自己的社交或游戏账号密码；用纸笔记录代替手机一键操作；每天设置一个"手机拜拜"时间，在书房中专注学习，手机放在客厅，关闭消息通知；下载限时APP，限制使用手机的时间，每天的屏幕娱乐活动时间不超过两个小时；将手机页面切换成灰度模式，黑白背景能降低手机的刺激性；家长使用设备监控程序，避免孩子访问不适合其年龄的网站；若有条件，每周设定一天"无手机日"，这一整天不使用屏幕设备等。物理空间的阻隔会提升孩子获取手机的成本，让诱惑变得不易得，也降低了诱惑的吸引力，更预防了手机损耗孩子的自控力。

另外，还可以创造孩子面对手机诱惑的心理距离。"我思，故我可以自控"，迫不及待想用手机冲浪时，引导孩子给头脑按下一个"暂停键"，问问自己：我为什么要玩手机？此刻我的学习榜样在做什么？我的梦想是什么？有一名高一男生为了戒断手机，他把手机壁纸设成了"追命三问"：你为什么要打开手机？你要看多长时间？你还能去做什么？这种通过自我对话的方式能拉长孩子行动前的思考过程，就像是"拉片子"，在拿起手机和玩手机这两种行为之间，把孩子的思维自动撑开，一帧一帧地思考，这种方法能有效抵抗诱惑。

变身"领头雁"，发挥榜样示范

"智慧争夺"的第三招需要家长变身"领头雁"，修炼自我，把自己当作方法。家庭教育的本质是家庭生活中的"言传身教"，家长"身行一例，胜似千言"，以身作则远远胜于口头训诲。

一是家长要做合理使用手机的榜样，要用自身的行为为孩子做一道"绝缘层"。家长要起到率先垂范的作用，比如，打造"电子真空"时间段，吃饭时、睡觉前、读书时与手机"分屋、分桌、分床"，给生活学习提供一个心神安宁的环境。常年在家庭氛围的浸润下，孩子必然会长成"家长的样子"，在家长严于律己的熏陶下习得自律。

二是家长还要成为孩子"相爱的榜样"。不良的夫妻关系往往是滋生孩子手机成瘾问题的温床。夫妻关系是家庭的"灵魂"，夫妻关系稳固和谐，孩子才会真诚待人、精修自律。只有夫妻互相爱慕、尊重、包容，利用生活中的点滴细节，传递爱意，培养信任，化解隔阂，才能给予孩子爱的滋养。

三是家长还要成为孩子"自爱的榜样"，懂得关怀自己。不自爱的家长把厌恶的矛头指向自己，难以容错，"不满意"就像扎在内心的一根刺，刺伤自己，扎痛孩子。家长对孩子的批评、轻蔑、忽视，都会被孩子内化，他们会不自觉模仿家长的方式来对待自己。一方面容易用自虐的方式达成自律，时刻鞭策自己与手机彻底决裂；另一方面却又在达不到高期待值时，索性彻底放弃，不可自拔地陷入愈加放纵的境地。唯有家长自爱，才能让孩子感受到家庭的包容和接纳，习得自爱，深陷低谷时学做自己内心的盟友，不畏困境，迎难而上。因此，家长要让自我批判之刃入鞘，让自己生活得更加从容、安逸。

总而言之，智慧型的家长懂得策略性地"疏"而非硬碰硬地"堵"，能和孩子一起面对困境，打败问题，让孩子在数字时代找回自己的思考力，夺回生活和学习的控制权，稳稳地做手机的主人。

（山东省济南第十一中学　王晓娜）

用智慧与手机「争」孩子

改掉孩子"拖延症"

——好家教蕴藏在家长的自我反思中

　　每个孩子的成长过程中都会出现这样那样的"问题"，表面看是孩子不听话导致的，其实病根往往源于家长不当的教养方式。所以，面对孩子的"问题"，家长应该学会反思，为什么给孩子操碎了心，孩子一点儿也不领情？为什么明明是为孩子好，却经常遭到孩子的极力反抗？当家长尝试检讨自己的言行、反思对孩子的管教方式时，就能觉察到孩子的委屈和抵触。因此，好的家庭教育往往蕴藏在家长的自我反思中。

探秘拖延，剖析根源

有些孩子做事情拖拉，尤其是在做家庭作业的时候，更是磨磨蹭蹭，不是喝水就是上厕所，不是这里痒就是那里疼，状况百出，往往一点儿作业能拖延到晚上十点以后。对此，很多家长除了不停地催促、唠叨写作业不专心，就是批评、指责孩子效率低下，更有甚者会对孩子羞辱谩骂、拳脚相加。然而，任何问题都像一枚硬币一样，有着正反两面，父母天天跟孩子朝夕相处，是否想过孩子是从什么时候开始对写作业产生了畏难情绪？是什么原因逐渐让孩子失去了学习的兴趣？

客观来看，小学生做事拖拉的成因是复杂的，特别是做作业拖延的毛病，除了有可能是因为课堂听讲不认真、学习方法不当、知识掌握不牢固、缺乏自律意识之外，还要家长从自身找找原因。是不是存在对孩子期望过高、给孩子造成太大压力？是不是给孩子检查作业过于严苛，导致孩子望而却步？是不是自己又给孩子额外布置练习，致使孩子逐渐形成了条件反射，老师布置的作业再少也要熬到晚上休息，来避免做家长的"附加作业"？有时候，一些看起来的"坏习惯"实则是孩子"被逼无奈"的自我防御。

拖延和拖拉都是指推迟或延迟应该完成的任务，没有办

改掉孩子「拖延症」

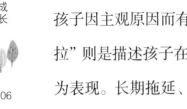
法按照自己的内心和周围人期待的样子去做好。"拖延"多指孩子因主观原因而有意推迟执行学习和做作业这件事，而"拖拉"则是描述孩子在学习和做作业时效率低下、进展缓慢的行为表现。长期拖延、拖拉的习惯可能会侵蚀孩子的自信心，当他们面对挑战时，往往会感到无力、紧张和恐惧。拖延还可能成为孩子逃避现实的方式，严重的可能引发心理健康问题。

培养自主，助力成长

帮助孩子摆脱拖延、拖拉的困扰，首先要认识这些行为背后的深层次原因：一是因为家长教养方式不当，孩子对学习、做作业等事没有掌控感，总是被家长要求、催促和安排，让孩子认为自己只是在为家长做，心情低落而用拖延的方式表达对抗情绪；二是因为孩子学习能力不足，孩子面对学习任务时感到力不从心，有畏难情绪，感觉这些事情本身太难了，无论自己怎样努力都无法完成，学习时难以集中注意力，从而引发拖延的行为。

家长面对孩子写作业拖延、做事拖拉的问题，切不可掉以轻心，应该试着从改变自己的管教方式、改变思想入手，从根本上解决问题的症结。

给孩子提供选择的机会，提升孩子的自主意识。首先要让孩子感受到他对学习这件事拥有选择权和自主权。唤醒孩子的自主意识，取代孩子的被动感受，从而使其进入一种"愿意"的状态。放学回家后，是先休息一会儿，还是先写作业？语文、数学、英语等各科作业如何安排，先写什么，后写什么？在这些问题的处理上，家长都应尊重孩子的选择。假如家庭约定在十点熄灯休息，孩子九点就把作业都完成了，九点到睡前的这段时间如何安排，让孩子自己做主，如果需要爸爸妈妈协助也一定要积极配合。随着孩子的掌控感不断确定，对抗情绪和各种防御会慢慢减弱，学习和写作业的积极性和主动性会慢慢提高，孩子学习也会越来越好。

家长不妨让孩子从小就尝试参与家庭决策，从家务劳动到买日常百货、走亲访友等，都要征求孩子的意见，这样做有助于培养孩子的责任感和自主性。家长只要把参与决策的权利交给孩子，孩子就会变得很有主见，当孩子感受到自己的意见被重视，并且能对生活做出贡献时，他们就会逐渐形成独立思考的能力和对自己负责的态度。而当孩子的自主意识被激发出来，明白上学是自己的事情，并尝试对自己的决定负责时，拖延问题自然就迎刃而解。

躬身入局，共同成长

一、正面激励，学会欣赏

培养积极主动的学习习惯，应该以孩子能胜任为前提，家长要善于发现孩子身上的闪光点，不放过孩子每一个进步，给予充分的认可和表扬，让孩子感受积极的情绪体验，增强孩子的学习主动性。有时，家长展现出的惊喜会让孩子的成就感和价值感瞬间"爆棚"。激励的本质是让孩子感受学习和写作业是有正向反馈的，就像玩游戏的感觉一样，会让孩子感到很开心。不用扬鞭自奋蹄，孩子越来越自信，学习动力就更大。

二、以身作则，榜样带动

家庭教育的最大魅力是行不言之教，家长的言行会被孩子模仿。家长在工作和生活中能够合理安排时间，有明确的目标、切实可行的计划，做事高效不拖延，这一切都是无言之教，孩子会有样学样。为孩子营造一个安静的学习环境，降低或消除家庭和日常生活中妨碍专注的各种干扰因素，也非常有利于孩子提高学习效率和质量。

三、放大优势，强化"长板"

家庭教育本质是"扬长"，而非"补短"。当今社会，很多家长之所以焦虑，根本原因是只盯着孩子的短板，妄想用补齐短板培养出优秀的孩子。俗话说，金无足赤，人无完人，"补短"的教养策略会让家长陷入无休止的竞赛之中。相反，家长应当鼓励孩子把更多的精力投放在自己喜欢的事情上，引导、激励孩子不断放大自己的"长板"，帮助孩子建立起更高的自我价值感。这种为了自己喜欢的事情而全身心投入、持之以恒的优秀品质，一样能延伸到孩子学习、成长的方方面面。

"活到老、学到老"，作为孩子时刻效仿的榜样，家长应该时刻反观自己的言行举止。书桌前那个拖延磨蹭的孩子，有可能是日常生活中家长的影子。在陪伴孩子成长的过程中，不仅有温馨和喜悦，也一定会有挑战与成长，只有家长学会反思且不断进步，才能科学助力孩子的健康成长。

（济南市历城区洪家楼第二小学　杨书铜）

改掉孩子「拖延症」

帮助孩子打造积极正向的朋友圈

"我的孩子只有一个朋友，是不是他缺少吸引力？"

"我的孩子朋友倒是挺多，但学习成绩都不好，我担心他会受到影响。"

…………

面对孩子的"朋友圈"，很多家长或多或少都会有些焦虑。如果孩子朋友比较少，就会担心孩子缺少社交能力；如果朋友过多，就会焦虑孩子热衷于交往而影响学习；倘若孩子交友过于多元化，就会忧虑孩子是否会上当受骗等。作为孩子社会交往的主要场域，朋友圈对于培养相互理解、换位思考、包容共情、智慧沟通、解决冲突等社会情感能力具有重要意义。而不同类型的朋友会让孩子领略不同性格的魅力与风采，了解利益面前人性的复杂与多变。当然，朋友间的互帮互助也会让孩子取长补短，求同存异，不断成长。

人际交往是孩子迈向社会的必修课，良好的人际关系是孩子幸福感和成熟人格的来源。在校园生活中帮助孩子建立一个健康积极的朋友圈，不仅能促进他们的社交技能发展，还能增强其心理上的情感支持。作为孩子人生路上"导航仪"的父母，应该如何做呢?

以身作则树榜样，助力孩子社交起步

孩子社交能力培养的起点在家庭，爸爸妈妈是孩子的第一个社交老师。无论是夫妻的相处模式，与长辈的沟通交流方式，还是和邻居、同事、朋友的多维互动，都在无意识中给孩子"上课"。见到熟人主动打招呼，与别人真诚交谈，热情帮助有困难的人，或者委婉客气地拒绝他人的不合理要求，这些细微的身教就是社交课堂的最好言传。

顺应天性巧引导，顺势而为挖潜力

每个孩子的天性不同，有的活泼开朗，自带吸引力，朋友众多；有的腼腆专注，人际交往相对被动，但是一旦交友则感情专一；有的通过攻击性行为吸引别人注意，交往容易受阻……

　　家长要在接纳孩子真实性格的基础上，做巧妙的引导。比如内向腼腆的孩子，不要逼迫他们在客人面前唱歌跳舞、表现自我，或者还没有准备好就着急去参加演讲比赛、当众发言。要耐住性子慢慢来，不妨让其先在小范围内展示，成功后给予肯定和鼓励，逐步培养孩子在群体中自如的表现。而对于外向、善于交际的孩子，家长也要适当引导其进行选择性交友，学会观察和鉴别，选择更性情相投或者更有助于自己成长的朋友。

　　在孩子交友的过程中，家长一定要破除一个执念，那就是我们的目的不是让孩子成为人见人爱的社交达人，而是让他在交友的过程中看见不一样的世界，拓宽自己的认知，激发内在的潜能，完善自己。因此，对于孩子来说，友谊并不等于广受欢迎，我们应该关注的是孩子在友谊中的收获，哪怕他只有一个朋友，但是如果互相欣赏和支持，那么高质量的友谊对孩子来说也意义重大。

　　因此，引导孩子交友的时候要顺势而为，顺孩子之好奇心，成主动交往之势；顺孩子之慕强心，成学人之长之势；顺孩子之温善心，成成人之美，美美与共之势。

多搭平台巧发力，多元支持给足爱

　　家长要支持孩子的友谊，可以让孩子邀请三五个朋友到家里来做客，而且要给他们宾至如归的感觉。具体来说，主动和他们打招呼，表示欢迎，但是不要过分热情，问东问西，尤其是对青春期的孩子；切好水果、准备好零食，为低龄孩子提供好玩的游戏；对方家长来接孩子的时候，要表扬孩子们的优点，并欢迎下次再来……

当然这种聚会既可以在家里，也可以多约几个朋友在户外，进行娱乐、锻炼、团体活动、旅游等，家长们也可以在一起聊天互动，借此机会了解下自己孩子在他人眼中或者在学校的形象。

此外，父母在和同事、朋友聚会的时候，让孩子参与其中，尝试和成年人对话沟通，认识不同的职业、不同的人物，也是一种不错的社交锻炼。

言传身教授技巧，真诚底色健人格

在交往过程中，孩子除了会遇到一些因动力不足而不敢社交的困难，可能还会遇到因方法不对导致不会社交的困惑。比如说话过程中习惯性打断别人，让别人不舒服；当面说别人缺点，不留情面；总喜欢索取，却不愿意多付出；喜欢让别人听从自己的意见，控制欲比较强等。这就需要家长在日常生活中，从细节处注意通过言传身教告诉孩子交往的技巧。

从最基本的文明礼仪开始，比如去别人家里做客最好带点小礼物，以示尊重；不要随便进入别人的卧室，也不要乱动别人家的东西；和别人说话的时候要目视对方，对长辈要尊重，多用"您、谢谢"等礼貌用语等。此外，善于倾听、换位思考、懂得感恩、学会欣赏、婉转表达等技能也要在日常生活中以润物细无声的方式教给孩子。

在孩子交友过程中，家长一定要细心观察，如果发现孩子存在某些问题，要寻找合适的机会，通过一对一私聊或者情景再现的方式告诉孩子如何做得更好。要告诉孩子，善良真诚是交友的底色，只要认真生活，踏实做事，真诚待人，给予朋友实实在在的帮助，即使不会说漂亮话，也能交到真朋友。

矛盾冲突破迷惑，智慧解决助成长

交友过程中，矛盾和冲突是在所难免的。作为父母，我们要教导孩子正确看待和处理人际冲突，把危机转化为成长的契机。

首先，要引导孩子平和地对待冲突。矛盾和分歧不可怕，关键是要学会化解。与其把对方视为"敌人"，不如试着去理解对方的想法，找到彼此的共同点。鼓励孩子在冲突中学会换位思考，站在对方的角度看问题。

其次，要教给孩子沟通和解决问题的技巧。比如，多倾听对方的想法，而不是急于表达自己的观点；用"我"的语气表达感受，而不是指责对方；学会寻求第三方的帮助等。家长也要与老师保持沟通，了解孩子在学校的人际关系，形成家校合力，帮助孩子解决交往问题。

再次，要引导孩子学会情绪管理。面对冲突时，孩子往往会感到愤怒、委屈。家长要教导孩子接纳自己的情绪，但不要被情绪左右。可以教给孩子一些缓解情绪的方法，如深呼吸、数数、画画等，从而平复心情，理性解决问题。

最后，父母要以身作则，在家庭冲突中展现出建设性的解决方式。我们要让孩子看到，即使是最亲密的家人，也难免有分歧和矛盾。但只要怀着爱与尊重，通过坦诚的沟通，双方就一定能相互理解。

总之，家长在帮助孩子建立朋友圈的过程中，要做陪伴引导型父母。多从培养未来社会人的角度考虑，培养孩子的谦逊有礼、自尊自信、独立意识。在家庭中创设足够的安全感，同时要通过自己的言传身教，教会孩子认清自己的优势，调整自己的不足。希望每个孩子在家长爱的支持下，不断扩大自己的朋友圈，一步步成为人格独立的未来社会人。

（济南市天桥区教育和体育局　陈凤苓）

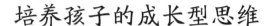
培养孩子的成长型思维

　　家庭是孩子的第一所学校。家庭的重要性并非仅仅体现在物质的支持上，更在于其给予的精神滋养和情感依托。孩子拥有积极的人生态度，勇于面对困难和挫折，对其个人发展至关重要，也是父母给予孩子的最大财富。在孩子的成长过程中，拥有一种积极、灵活且适应性强的思维模式至关重要，这便是成长型思维。培养孩子的成长型思维，不仅能够帮助他们更好地应对挑战，还能激发他们的内在潜力。这种思维宛如一块坚固的基石，能够为孩子的未来奠定坚实的基础，助力孩子不断成长和进步。

成长型思维是可以培养的

现实生活中，有的孩子经常感觉自己能力不足，不愿做任何尝试；有的孩子过分追求成功，不敢面对失败，或是寻找借口，或是贬低别人的成功；还有的孩子面对挑战总打退堂鼓，更愿意做能力范围内的事情等。美国斯坦福大学教授卡罗尔·德韦克认为，当孩子在学习和生活中总是有上述表现，他可能是个固定型思维模式者。固定型思维模式者认为能力是固定的，无法改变的，成长型思维模式者则认为能力是可以发展和提升的。不同的思维模式影响对成就目标的选择。比如，在面对困境时，固定型思维模式者将其视为威胁，担心暴露自己的不足，在他们眼中，失败从一种行为变为一种身份，哪怕是一次失败都会给自己贴上"失败者"的标签。所以，他们往往逃避挑战，愿意待在自己的"舒适区"，无法激发更大的潜能。而成长型思维模式者把失败当作学习的机会，关注的是如何提升自己的能力，即使发展不顺也能拥有想要提升并坚持不懈的激情，即便遭遇人生重大挑战，依然能茁壮成长。

那么，成长型思维是否可以培养呢？脑科学，特别是大脑可塑性的研究为成长型思维的培养提供了重要的理论依据。研究发现，人的思维模式并非一成不变，成长型思维具有可塑性。如让孩子多接触因努力而非天赋获得成就的事例，关注大脑可塑性的知识，对孩子多进行努力取向的表扬，少一些能力取向的表扬等，这些方法在短期内都有助于成长型思维的培养。

家庭教育中培养成长型思维的策略

要想培养孩子的成长型思维，家长可以在以下方面做一些尝试。

一、善用表扬和批评，看重努力，淡化能力

并非所有的表扬和批评都能培养孩子的成长型思维，对其产生积极影响。即便是积极反馈，如果使用不当，也会给他们带来负面影响。当孩子表现好的时候，家长通常会说"你真棒""你真聪明"等，这属于能力导向的表扬，传递的是能力保持不变的固定型思维模式的信息。而"你的努力让你有了更好的表现""你用了适合你的方式""你的持续付出有了回报"等，这属于努力导向的表扬，传递的是能力可以增长的信息，有利于培养孩子的成长型思维模式。

"你怎么总是出错""你是个粗心的人""你做不了这个，还是我来吧"，这些话语其实都是在评价孩子的智力和能力，传达的都是固定型思维的信息。"如果能跟上有针对性的练习，你就不会再犯同样的错误""再多加训练，你会做得更好"，这样的话语关注过程，能让孩子养成成长型思维。

成长型思维的培养强调"换一个说法，换一种思维"，家长在与孩子交流的时候要学会转换表达方式。在表扬或批评时，要避免使孩子归因于一些不易变化的因素，引导其关注努力、策略等可以掌握并能做出调控的因素。

二、助力成功，更要引导孩子从失败中学习

助力孩子成功，更多地体现在引导孩子付出持续的努力，帮助孩子寻找更适合的方法和策略。家长要培养孩子积极的成功观，成功不仅是一种结果，更是一个持续的过程。成功不意味着比别人强，而是自身能力的进一步拓展。

在家庭教育中，家长往往在助力孩子成功方面会做大量工作，但有时忽视了如何让孩子学会面对失败。研究发现，固定型思维和成长型思维的人都能遵循不同的过程取得成功，但在面对失败方面有很大不同，而这种差异会导致不同的发展潜力。持有固定型思维的人，更愿意做能力范围内的事情，不愿暴露自己的不足，担心犯错误或者丢脸，不会从失败中学习并纠正自己的失败，他们可能只是去尝试着修复自己的自尊。因此，要培养孩子的成长型思维，家长就需要让孩子明白失败是一种学习机会，挫折是另一种形式的人生财富，而不是给自己贴上失败者的标签。家长要鼓励孩子主动走出舒适圈，迎接挑战，实现人生成长。

三、建立积极亲子关系，给孩子一个安全的成长空间

研究显示，良好的亲子关系能够促进成长型思维的发展，

进而提高个体的心理弹性和受挫能力。家长要努力建立一种尊重、信任、平等的亲子关系，在与孩子的交往中，多关注孩子的内心感受，注重情感交流，多鼓励和引导，少一些指责和评判。在一个良好的家庭环境中，家长一定不会对孩子做出过多的直接评判，诸如"你很有天赋""你太笨了"等，让孩子时时处于评判之中，使得孩子要竭力证明自己，不敢轻易出错，因为出错意味着自己不聪明，这会让孩子不敢面对挑战，只愿待在容易成功的舒适圈中，进而形成固定型思维。特别注意的是，总是将"别人家的孩子"挂在嘴边，不仅容易激发孩子的逆反情绪，还会让孩子无形中更加关注与别人的比较，计较结果，忽略过程，当无法超越"别人家的孩子"时，孩子会不断找借口，推卸责任，或者贬低别人的成功。

四、挖掘生活中的教育资源，持续影响孩子

在现实生活、影视作品和各类书籍中，总有很多成功者的形象，需要引导孩子更多地关注到成功者之所以成功，更多的在于人物身上所呈现出的优秀品质、付出的持续努力和选择的正确方法。在这方面，我们需要警惕目前一些影视作品和书籍中，特别是网络小说中塑造的"高富帅""白富美"的形象。这些角色要么能力超强，甚至拥有超能力，一出场便含着"金钥匙"，人生永远"开挂"，总能绝处逢生。这样的角色只能让孩子更加坚信天赋和能力的重要性，觉得没有这些先天的因素人生便无法成功。

亲子阅读是培养成长型思维的好方法。家长可以与孩子共读成长型思维培养的书籍。研究发现，教授孩子一些基本的大脑可塑性知识，可以帮助他们建立一种"相信自己的努力可以带来改变"的成长型思维，并显著提升学业成绩。因此，家长还可以根据孩子的年龄特点，推荐给孩子关于大脑可塑性的书籍和视频资源。

五、家长也要培养自己的成长型思维

家长的思维模式对青少年思维模式的形成有显著的影响。不同思维模式的家长对待孩子成败时的观念不同，采用的教养方式也不同，从而影响孩子的思维模式。以自己的言行为孩子树立榜样，进而影响孩子，是家庭教育最重要的方式。因此，家长要想培养孩子的成长型思维，自己首先要树立成长型思维。家长可以在培养自己的成长型思维的过程中，与孩子分享自己的经验，和孩子一起成长。

正如卡罗尔·德韦克教授所说："如果父母想给孩子一份礼物，他们能做到的最好的事情就是教他们的孩子热爱挑战，对错误感兴趣，享受努力，继续学习。"家长要充分认识成长型思维对孩子的积极影响，付出持续不断的努力，越早培养越好。

（济南市章丘区第四中学　赵　鹏）

培养孩子的成长型思维

121

好家长都是善于表扬孩子的高手

　　每个人都希望获得别人的认同，孩子更是如此，尤其是来自最亲近、最权威的父母的肯定。马克·吐温曾说过："一句好听的赞辞，能使我不吃不喝活上两个月。"这句话略带夸张，但体现了表扬的魅力所在。在孩子的成长过程中，及时的表扬如同阳光雨露，滋润着他们的心灵，使他们茁壮成长。

请相信表扬的力量

　　表扬会提升人的自尊，而自尊是一个人基本的需求，有自尊的孩子才能懂得自爱。所以，真正爱孩子的父母，会穷尽一生的力量，努力把自己的表扬变成孩子生命里的一束光，因为他们相信表扬的力量。

一、表扬可以提高孩子的自我价值感

父母的表扬能让孩子确认自己的存在和价值，帮他们建立健康的自我意识，提高孩子的自尊心。孩子建立较高的自我价值，具备了胜任感、能力感、效能感，当遇到挫折时，才能更开放地接受教育，无条件地接纳自己，开发自己的潜能，正视自己的不足，不断超越自我。

二、表扬会让孩子越来越自信

如果有人夸你笑起来真好看，那么你会不由自主地笑一笑，把自己最美丽的一面展示给大家；如果你夸孩子写字认真，他会不由自主地坐得更端正，把写得最漂亮的字拿给你看。这就是表扬所带来的神奇力量，无论是谁，都很受用。及时的表扬会让孩子获得积极的情感体验，而这种体验能更好地促进其下一步的努力。被表扬得多了，就连孩子自己都会产生一种"错觉"——原来我这么厉害呢！当他有了"优秀"的意识之后，自信心就会越来越强，紧接着在行动上也会做出相应的改变。

三、表扬可以构建好的亲子关系

在一种和谐幸福的家庭氛围中，父母有一双善于发现的眼睛，用欣赏的眼光和赞许的语气与孩子交流，给孩子提供的是高情绪价值，那么孩子从父母那里感受到的是认同、温暖和快乐，亲子关系自然是融洽的。要知道，孩子的天性是希望能够得到家长的赞许，都想成为家长引以为豪的骄傲，当孩子的需要被满足，"好孩子"也就被夸出来了。

表扬的正确打开方式

中国的父母不习惯表扬自己的孩子，主要是怕孩子"翘尾巴"，甚至有时候还会矫枉过正，经常无情地打击孩子，无意中对孩子的成长造成伤害，使孩子形成自卑、低价值感的性格。所以，家长们不仅要经常表扬孩子，而且在表扬孩子的时候也要讲究方法和技巧，不能简简单单地将一句"你真棒""你真聪明"作为万能的夸奖方式。表扬是一种艺术。

一、不夸大事实地表扬

"哇！你的书法写得真好，你一定是'全世界'书法写得最好的人！"这样的表扬会让人觉得很浮夸，也可能会使孩子觉得父母是在敷衍他。所以，家长在表扬孩子的时候一定要真诚、具体，让孩子感觉你真的看到了他进步的那一面。比如，家长在表扬孩子的书法作品时，可以说："你的书法写得很好，每次都能在班级展示栏里看到你的作品，很不容易呢！"如此，才能让孩子相信父母表扬的事项是存在的，当然，也才能使孩子真正认识客观的自己，而不至于骄傲自满。再比如，孩子回家后主动写作业，如果这时家长只是说"你今天表现真不错"，那么，表扬的效果就会大打折扣，因为孩子不明白"不错"是指什么。家长应该说："你今天回家没让妈妈催，自己就主动去写作业了，你做得很好，妈妈很开心！"

二、多用描述性的表扬

描述性的表扬是指描述孩子所做的努力和过程，以及孩子的感受。例如，果果正在搭积木，看到爸爸妈妈回来了，就高兴地让爸爸妈妈欣赏自己的作品，爸爸说："不错，拼得真好。"妈妈这样说："哇，我看见你一个人也玩得这么好。你堆了好多积木塔，拼图也都拼好了呢（描述所看见的）。看到你这么开心，妈妈也很开心（描述感受）。你一个人玩得这么久，说明你做事很专注（赞赏行为总结为一个词语）。"这里说明一下，在描述性总结时，并没有标准答案，可以是专注，也可以是独立或有耐心等，关键是告诉孩子他以前不知道的一个词语，让他对自己有一个新的认识。相比果果爸爸的评价性表扬，妈妈的描述性表扬让果果更有成就感，情绪也就更加积极。

三、善用非期待式的表扬

"哇！你这次考得真不错，得了99分。下一次争取要考100分，做全班第一哦。"这样的句型到底算不算表扬？答案是，只能算一半。前半句是表扬，后半句是期待。期待不算是纯粹的表扬，因为这是一种认为孩子能够或应该表现得更好的表达。或许很多家长认为，这是给孩子目标和进步的动力。那么请家长们感受一下，如果你的领导对你说："这次你负责的项目完成得很好，下一个项目相信你会做得更好。"你会有怎样的感受呢？是不是觉得"压力山大"了。对有些人来说，他们会将这样的期待解读为一种看重；但是，对大部分孩子来说，期待意味着父母认为他目前做得还不够好，从而导致孩子产生更多的自责与气馁。因此，表扬的是孩子当下已经做到的行为表现，切忌"上挂下联"给孩子造成额外的压力和心理负担。

表扬的多种方式

表扬不可滥用，要及时夸、具体夸、找准点。表扬的主要目的是让孩子产生"被认可、被肯定、被欣赏、被激励"的感受，家长可采用形式多样的表扬，激发孩子自我成长的内驱力。

除了直接表扬孩子，家长可以借他人之口来表扬孩子。例如，对孩子说："你们老师说你今天在学校表现特别好，回答问题又积极又准确，还主动帮助老师收拾教室卫生呢。"用这种方式表扬孩子，孩子会特别开心，尤其是自己敬重的人对自己的评价，更是令孩子受用。也可以用"你这次的成绩很优秀，妈妈和你一样开心，你是怎样做到的"这样的问话，来启发孩子寻找自己的闪光点，强化孩子的正向言行，使其养成自我认可、自我欣赏、自我激励的个人优秀品质。家长还可以巧用"背后表扬"的方式，提高孩子的自我价值感。例如，孩子在房间里写作业，妈妈在客厅跟奶奶说："果果这段时间学习可努力了，每天回家就先写作业，坚持天天练字，还被老师表扬了。"（故意让孩子听到）这时候，妈妈的背后表扬更容易触动孩子的情感，使其感受到他人对自己的认可和关注，增强孩子的自信心和自我价值感。

　　亲爱的家长，请不要吝啬你们的表扬，让自己成为表扬孩子的"高手"，用表扬塑造孩子的品格，激发他们的潜能，让他们在成长的道路上充满自信和勇气，一路向前！

（济南市长清区乐天小学　李冬华）

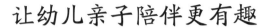

让幼儿亲子陪伴更有趣

陪伴，读起来就是让人感到幸福的词汇。在所有的陪伴当中，亲子陪伴又往往最能激发人心底的暖意，孩子开心的大笑、真挚的言语、时而逗趣时而认真的举止，总能让亲子关系更加融洽，亲子时光更加和谐，而7岁前的幼儿更需要家长耐心、细心的高质量亲子陪伴。

高质量陪伴有益于孩子的健康成长

在日常生活中，我们不难发现，和谐友爱的家庭、愿意付出的家长，总是更容易培养出身心健康的孩子。而家庭教育缺失、家长陪伴缺位往往让孩子的童年充满遗憾，甚至终生都在为童年的遗憾买单。因此，让家庭成为孩子面对一切的底气，让家长成为孩子值得信任的依靠，这就对亲子陪伴提出了高质量的要求。那么，怎样的陪伴才算是高质量陪伴，才能发挥陪伴的最大价值呢？

首先，家长眼里要有孩子。高质量陪伴要以孩子的实际需要为出发点，当孩子呈现强烈亲子陪伴诉求时，家长要暂时放下电子产品，放下繁杂工作、家庭琐碎，不要随便给孩子提建议，否定孩子的想法，更要抛开控制、评价等令人扫兴的举动，放下身段，真正去接纳、理解、尊重孩子，给孩子一段不受外界影响的沉浸式陪伴。但是当孩子展现明显的自主游戏愿望时，家长要为其留有独处的空间。

其次，要与孩子和谐互动。陪伴是双向的，高质量的陪伴能让孩子和家长相互滋养。双方在宽松、融洽、和谐的氛围中，建立起愉悦、亲密的互动关系，沉浸其中，享受当下，彼此独立又紧密连接，双向奔赴又恰到好处。

再次，要给予孩子积极回应。高质量陪伴不只是时间的共度、空间的共处，更重要的是有及时的回应、情感的交流。家长在和孩子相处及共同参与活动的过程中，要觉察孩子的想法，倾听孩子的感受，并及时给出积极的回应和反馈，让每一次的陪伴都有回味和余温。

最后，合理安排好陪伴时间。亲子陪伴的时间要合理，不必全天候不离不弃，也不能长时间不管不顾。家长可以和

让幼儿亲子陪伴更有趣

孩子一起设定"订制时间"，比如晚饭后、睡觉前等时间段，也可以为亲子陪伴制订简单的计划表，将近期想要做的事呈现在表格中，和孩子有期待、有计划地去执行。既满足陪伴孩子的需要，又满足家长独立空间的自我需求。家长们不必时刻围着孩子转，也不必为某次陪伴的失约而懊恼，只要在亲子陪伴的时间里能够真正地彼此融入，情感持续升温，就达到了高质量陪伴的目的。

用好生活中高质量陪伴的契机

有些家长虽然知道高质量陪伴的好处和价值，但实施起来感觉无从下手、不知所措。其实，陪伴不用绞尽脑汁，日常生活中的点滴小事就是亲子陪伴的最好时机。

享受小"食"光。厨房不应是孩子们的禁地，在食材的碰撞下、美味的氤氲中，亲子陪伴会激发出不一样的"味道"。让孩子参与餐点制作的全过程，从计划、采购、准备到制作、进餐、整理，家长和孩子相互商量支持、陪伴共度，既让孩子对劳动有新的认识、对食物有全新感悟，也让亲子关系在小"食"光里更加和谐亲密。如果条件允许，把每一次餐点的制作、品尝、感受制作成册也是一个不错的选择。

走进图画书世界。阅读是最温情的陪伴，家长可以和孩子走出去，去图书馆阅读，去书店挑选书籍，也可以待在家中的静谧角落共读一本图画书或者各自喜欢的书籍，更可以在阅读过后进行一次关于书籍内容的全方位讨论，或者与孩子一起围绕阅读开展几类游戏，因为亲子阅读往往是最能激发彼此心底暖意的事情，阅读时适当增加抚触、眼神交流，能让这份温情得到更加直接的传递。在这个过程中，引导孩子进行感受和表达，也能多了解孩子的内心世界。

玩场亲子游戏。做游戏是孩子最基本的活动，也是家长变回小孩子的机会。亲子游戏的开展可以不受时间、空间的限制，既可以是睡前小游戏，也可以是家庭总动员；既可以居家进行，也可以户外展开。内容更是灵活多变，如变魔术、玩卡片等手指游戏；飞行棋、纸牌等棋牌游戏；律动表演、舞蹈模仿等肢体游戏；拼图、逻辑思维等益智游戏；跑步、爬山等运动游戏；跳绳、扔沙包等传统游戏……多样的游戏形式，既能提升孩子的社会性发展，又能较快地拉近亲子关系。

劳动最光荣。劳动的独特育人价值难以取代，从小培养起孩子爱劳动的意识是家长的责任。对于学龄前儿童来说，家务劳动在劳动教育中占据了重要地位，鼓励、支持、帮助孩子整理房间、收纳玩具、扫地、擦桌等日常家务劳动，是高质量亲子陪伴的体现。除此之外，参与种植、小区卫生打扫、义卖等户外劳动体验，也是劳有所获，放大陪伴价值的良好路径。

变身手工小达人。孩子手部精细动作的锻炼，有利于今后的学习和生活。利用家中的某种物品和孩子一起广开思路，或共同绘制一幅画，或一起动手使废旧物品大变身，或捏、粘、拼摆、组合一个创意作品，都是亲子陪伴不错的选择。在此过程中父母与孩子思维碰撞、心意相通，既有作品完成时的快乐，也有亲子互动时的愉悦。

进行家庭式探究。孩子想象力丰富，喜欢发现和探究，在幼儿园可以进行"项目式"学习，在家里同样可以把握时机进行探索。家长可以顺应孩子的想法，陪伴孩子利用拍照、绘画、记录等方式收集素材，进行家庭式探究，如通过查阅资料、实地观察，探索一眼泉水的喷涌；通过大胆想象、操作验证，探索一颗种子的生长；通过脚步丈量、符号记录，探索家通往幼儿园的最近路径等。类似的亲子探究，既可以实现陪伴由单一化到多样化的转变，也会让陪伴跳出形式的框架，向着内在、高质量方向发展。

陪伴无关金钱，无关功利，而是张弛有度的行动，是润物无声的影响，是放手未来的基础，是双向奔赴的情感。在每一次充分、真诚、有效的高质量陪伴中，家长和孩子互相滋养、相伴成长。祝福每一位家长愿意与孩子相伴于家庭中的点滴小事，让亲子之间的爱源源不断地涌动焕新，让孩子的童年充满爱与希望，积蓄未来面对世界的坚定力量。

（济南市天桥区尚品清河幼儿园　石　悦）

让孩子活成自己喜欢的样子

近几年来，中小学生抑郁、焦虑、厌学甚至厌世的情况逐年增多，这些问题往往与成绩无关。有很多各方面都非常优秀的孩子，却觉得自己一无是处，什么都做不好，很自卑。这些学生里甚至包含"别人家的孩子"。他们的问题在于只盯着自己的不足，完全看不到自己的优势，因而陷入无尽的痛苦中。

我们以往的认知是只有不断改正自己身上的缺点和不足，才能进步。所以，很多家长为了使孩子能"成为更好的自己"，总是不停地指出孩子的缺点和问题，希望孩子能改掉身上所有的"毛病"。可是，如果一个孩子从小总是被告知自己这也不好、那也不好，这也是缺点、那也是毛病，久而久之，孩子就会觉得自己一无是处，缺乏自我价值感。所以，父母如果希望孩子对未来的生活充满自信和期待，就应该鼓励孩子活成自己喜欢的样子。

父母要正确看待孩子的"缺点"

我们通常会把孩子的问题或缺点分为三类。有些问题看似非常严重，其实是孩子成长过程中的必然经历，是在向家长发出求变的信号，只要家长注意改变，孩子的问题就会自然消失；有些问题虽不多见，却是孕育孩子独特魅力的根源；还有些问题明显顽固、难以改变，却是检验父母对孩子真爱的试金石。所以，针对孩子不同的问题或缺点，家长应该对"症"施"药"，区别对待。

首先，父母认为的缺点，可能是不同年龄的特有标志，比如我们常说的"七岁八岁狗也嫌"和青春期逆反等现象。众所周知，青春期到来的标志是孩子开始追求独立自主，开始特别在意别人的评价，开始关注爱情。如果追求独立受阻，就会"逆反"。所谓逆反，其实是孩子在慢慢长大，需要的个人空间越来越大。但父母对待孩子的方式并没有随着孩子年龄增大而改变，还像对待小学生一样事事都要干预，导致孩子觉得个人空间受到侵犯，他们就会奋起捍卫自己的权利。所以，这不是孩子的问题，而是需要父母看到并且尊重孩子不同年龄段的特点和需求，调整自己，改变对待孩子的方式，帮助孩子顺利度过每一个阶段。

其次，父母认为的缺点，可能是孩子的个性特点。就像心理学中的"气质测定"给人类的划分，这个世界上，有像林黛玉那样的人，有像李逵那样的人，也有像王熙凤那样的人。每个人都有属于自己的个性特点，让林黛玉变成李逵是不可能的，让李逵变成林黛玉也是不可能的。

"爱他要如他所是，而非如你所想。"不要把孩子的个性特点当成问题。父母要接纳孩子本来的样子，孩子才能接纳自己。不管孩子个性如何，以适合自己的方式学习生活，他都能在自己喜欢的领域闪闪发光。

最后，父母应无条件接纳孩子身上既有的缺点。一个人很难改变另一个人，除非他自己愿意改变。因此，父母可以通过自己的正确示范和改变自己对待孩子缺点的态度，来影响孩子自己做出改变。在此之前，我们需要先明确一点：这个世界上不存在没有优点的人，也不存在没有缺点的人，每个人都是优缺点的结合体。父母要学会接纳自己和孩子的不完美。同时，父母以三四十年的人生经历来要求一个十几岁的孩子，这对孩子来说未免太苛刻也太不公平。

"尝试—犯错"也是成长的一种方式。给孩子试错的机会，千百遍的说教不如让孩子自己体验。

多发现孩子做得好的部分，及时肯定

当孩子做得好的时候，要及时肯定鼓励；而当孩子遇到困难或者做得不足的时候，更要在不足中看到孩子做得好的部分。

对于高中生而言，知识难度和学习压力与日俱增，时常会有测验成绩不理想的情况，父母的批评指责只会加剧孩子厌学的情绪。这时，父母可以在不尽如人意的分数中，看到卷子上孩子增长的新知识并加以肯定，让孩子看到自己并不是什么都没学会，慢慢积累，定会越来越好。当孩子更多地看到自己做得好的地方，就会对自己更有信心，遇到困难也更有勇气克服，更有自我掌控感，自律性也会更强。

极客大数据在学校的使用，方便家长们在家随时掌握孩子在校的学习情况，了解孩子每次测验的成绩，但同时也带来一些弊端，那就是增加了家长的焦虑。有一位妈妈总是收到孩子英语E的成绩推送，每次看到都着急上火，就会立刻打电话质问孩子为什么考这么差，导致孩子对英语的学习越来越没信心，也不想跟父母沟通。后来通过学校父母讲堂的学习，父母改变了对待孩子成绩的态度。孩子妈妈说："有一次，我点开孩子的英语卷子，又是E，但是仔细看后，发现虽然选择题大部分都错了，但单词默写部分正确率很高，根据老师所讲的，从不足中找到孩子的进步，我肯定了孩子单词积累方面的成绩，孩子第一次特别开心地挂断了电话。"经过几次这样跟孩子交流之后，发现孩子慢慢对英语学习不再那么排斥，成绩也在慢慢提高。

给予孩子选择权，增加孩子内在力量

有一年高考成绩公布，在填报志愿之前，一个女生和妈妈来到学校心理辅导室，未曾开口，女孩已是泪眼婆娑。女孩表示，明明自己高考成绩还挺好（640分），非常想学文科专业，但是学计算机的爸爸一定要她填报计算机类专业。女生哭诉，这三年她过得特别痛苦，即使成绩不错，但她一点儿都不开心，每天都在很痛苦地学习，没有成就感。

虽然最后女生妈妈同意回去跟爸爸商量，争取尊重孩子的意见，但我一点儿也轻松不起来。我们常说要尊重孩子的选择，孩子选择自己喜欢的领域，会更愿意为之付出努力，在付出努力的过程中更容易体验到快乐，更有信心在自己喜欢的领域里做出更好的成绩。

中国积极心理学发起人、清华大学教授彭凯平说："一个人这一辈子最重要的是活出自己的天赋优势。"我们的教育就是要帮助孩子提升自我效能感，让孩子的内心产生"我能行"的信念。当孩子有自我决定权，可以自己做选择的时候，内在力量会得到增强，自然会对自己更有信心。

　　我们父母所要做的，就是支持并帮助孩子做自己喜欢做的事情，而不是让孩子按照我们的意愿来选择未来的生活，唯有如此，才能保证每个孩子都能活成最好的自己！

〔山东省实验中学（东校）　韩海萍〕

养娃要有松弛感

——让孩子享有自由的幸福

在这个快节奏的时代，育儿似乎也变成了一场马拉松，父母们总是紧绷着弦，生怕孩子输在起跑线上。许多家长的焦虑，不仅影响孩子的幸福成长，还会影响孩子的身心健康。时下非常流行"松弛感养娃"的话题，"松弛感"之所以能火，是因为它映射出了大多数人心中向往的一种状态，正是在这样的背景下，"松弛感养娃"显得尤为重要。

恰到好处的松弛感，让孩子收获身心健康

其实，松弛这件事就像走楼梯一样，看上去好像很费力，但当所有人都在扶梯这条路上"内卷"时，走楼梯反而是更

舒服、更简单的选择。回顾自己三十多年与各种家长打交道的过程，我发现只要父母占据主导位置，希望自己引领孩子，教育就很容易出现问题，父母也更容易焦头烂额。而当父母愿意置身其后，观察孩子，跟随孩子，这样的姿态反倒能让养育孩子的过程变得松弛。

因此，松弛感就是一种时刻保持轻松自在的状态，是一种舒适的家庭氛围。家庭成员彼此尊重，遇事共同面对，就好比一家人外出旅游导航走错了路，不要埋怨带路的人，换一种心情尝试欣赏新的风景也是一种不错的选择。父母要有恰到好处的"松弛"，孩子才能收获幸福感。

一、享受式育儿，让孩子拥有相对自由

从"任务式育儿"转变为"享受式育儿"。家长可尝试跳出传统的身份框架，不再将自己局限于"教育者"的角色。要认识到养育孩子是一个长期的过程，需要耐心和爱心，而不是短期的冲刺。要给予孩子成长的空间，比如，给孩子准备独立的储藏柜，让孩子自己安排物品的摆放顺序，需要时可以自己拿，自己进行收纳；进入玄关门口，可以放置低一点儿的挂钩，孩子进门可以放好自己的衣服和书包；让孩子自己决定穿什么衣服、玩什么游戏等。这样既能培养孩子的独立性和责任感，又能减轻家长的压力。家长也不要过分干预孩子的生活和学习，相信他们有能力应对各种挑战和困难。

二、做好自己，让孩子体会榜样的力量

从"过分紧张"转变为"享受当下"。家长应该从关爱自己做起，注意自己的言行举止，为孩子当好身边的榜样。家庭教育的最大魅力是行不言之教，和谐的家庭氛围、恩爱的夫妻关系都是送给孩子最好的礼物。长期处于这样的环境中，不仅能让自己变得更加积极和松弛，也会给孩子足够的安全感和归属感。

三、宽容对待，培养孩子健康的心理状态

从"急于责备"转变为"宽容对待"。面对孩子的教育和成长，家长需要有一颗宽容的心。当孩子犯错时，不要急于责备，而是应该给予耐心和理解。将注意力放在解决问题上，而不是浪费在责备孩子上，这样的态度更能促进孩子的成长和发展。要学会管理好自己的情绪，允许孩子表达脆弱，与孩子一起共同面对生活中的困难。养娃最重要的是培养孩子健康的心理状态和积极的生活态度，让孩子成为自信、独立和快乐的人。

父母的松弛感，让孩子收获幸福人生

一、情绪稳定，有精力和勇气体验人生

网络上曾有个视频《容错率高的家庭有多幸福？》，引起公众广泛讨论，视频中的家长都有一个共同点，就是孩子

闹祸后，没有人情绪失控，也没有人指责抱怨，而是积极安抚孩子情绪，想办法解决问题。评论区很多人都表示"太羡慕了"。因为在这种环境中长大的孩子情绪更稳定，行动力更强。这样的家庭，无论在生活中遇到再大的困难，也会齐心协力，共同面对。父母如实接纳孩子的真实感受，允许孩子犯错，给孩子成长的空间，孩子的内在感受得到共情，就不容易产生恐惧感，从而有精力和勇气去体验人生。父母允许自己犯错，同时允许孩子犯错，这样的家庭才会更幸福。

在一个家庭中，任何一个成员的情绪不稳定都会给家庭氛围带来负面的影响，造成家庭成员之间的紧张和不安。家长要觉察并理解自己的情绪，当脾气上来时，能够按下内心的"暂停键"，保持适当的松弛度，允许不如意、不完美的事情发生，不互相指责、抱怨和中伤。

二、培养钝感力，让孩子拥有自信心

生活中我们会发现，钝感力强的孩子往往心态好，活得更为轻松一些。其实，钝感力是面对困难时的耐力，是坚持对抗外界的能力，是一种积极向上的人生态度。钝感力强的人，有时候会显得对很多事不在乎，而这份不在乎的背后，是强烈的"自我认知力"，也可以说是"自信力"。想起前段时间，有个小男孩很沮丧地跟妈妈说："我今天在幼儿园举了三次手，老师都没叫我……"妈妈听完后，先是确认孩子的感受："你觉得你被老师忽视了，有点伤心是吗？"孩子点头后，妈妈安抚了他的情绪，然后带孩子一边剥花生，一边引导他："你为什么不剥这颗花生，要剥另一颗呢？是因为你不喜欢另一颗吗？"孩子回答道："不是，是因为花生太多了，我只能一颗一颗剥。"接着，妈妈告诉孩子："你举手老师没叫你回答，不是因为老师不喜欢你，而是因为小朋友太多了，老师要一个一个来照顾。所以你可以耐心一点儿，老师总有叫你回答的时候，对吗？"这种引导，既温柔地安抚了孩子，又让孩子停止了内耗，学会客观看待外界的评价，提高孩子的"钝感力"。以后面对类似的事情，孩子的心态也会更好。

三、放慢节奏，给孩子慢慢走的时间

允许孩子慢下来。教育是一个"三分教、七分等"的过程，作为父母一定要明白：成长不是一蹴而就的，一场成长的马拉松，是不需要抢跑的。一个有松弛感的家庭，允许孩子慢慢来，允许他不那么聪明，不那么完美。一道题，今天学不会，可以明天再学；一项技能，今天不熟练，可以明天再练；一个道理不明白，我们有足够的时间去举一反三。重要的是，让孩子在"慢"中学会摸索，找到最适合自己的学习方式。真正的教育，是父母尊重孩子的成长规律，允许孩子慢下来，做孩子最好的玩伴和导师，陪孩子朝着既定目标坚持前行。

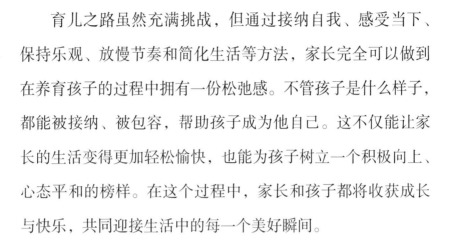
育儿之路虽然充满挑战，但通过接纳自我、感受当下、保持乐观、放慢节奏和简化生活等方法，家长完全可以做到在养育孩子的过程中拥有一份松弛感。不管孩子是什么样子，都能被接纳、被包容，帮助孩子成为他自己。这不仅能让家长的生活变得更加轻松愉快，也能为孩子树立一个积极向上、心态平和的榜样。在这个过程中，家长和孩子都将收获成长与快乐，共同迎接生活中的每一个美好瞬间。

（济南市槐荫区杨柳春风幼儿园　侯建军）

助力孩子成为最好的自己

现实生活中，有些家长被"不要让孩子输在起跑线上"的观点裹挟，为了孩子有个好的学习成绩，为了让孩子赢在起跑线上，许多家长不知疲倦、不怕花钱、不断报班，双休日带着孩子从一个战场转战另一个战场，忙得晕头转向、焦头烂额。学前教育小学化、小学初中化、初中高中化，过度强调孩子的学习成绩，导致孩子身心健康出现问题，"躺平""摆烂"，厌学拒学，甚至出现极端行为。如何科学助力孩子的健康成长，让孩子成为最好的自己，值得每位家长思考。

家庭教育才是孩子成长的起点

从时间上看，家庭是孩子生活、成长、学习的重要场所，孩子的童年和青少年时期大部分时光都是在家中度过。所以，家庭才是孩子的第一所学校，父母是孩子的第一任老师，家庭教育是孩子以后接受所有教育的根基。

家庭教育既然是教育的一部分，也应该遵循因材施教的原则。针对孩子年龄小、认知能力和思考能力尚未得到充分开发，无意识记忆和模仿能力超强等特点，家庭教育必须具备行不言之教的魅力，拒绝说教。父母希望孩子成为什么样的人，就要努力在孩子面前做出个样子。

中国传统文化强调"人有四端"，所谓"端"即开始、与生俱来。每个孩子从出生开始就具备恻隐之心、羞恶之心、辞让之心、是非之心。有些孩子的不良行为不能归咎为天生如此，而是父母后天的教化所致，这也是家庭教育中的一条铁律：孩子身上的问题，总能在其父母身上找到病根。

当下家庭教育存在的问题

随着《中华人民共和国家庭教育促进法》的颁布实施，越来越多的家长意识到家庭教育的重要性。但随着社会的进步、互联网的快速发展，青少年自主意识不断增强，家长只有清楚当前家庭教育普遍存在的问题，与时俱进，不断提升自身素养，才有能力养育出健康、阳光、积极向上的孩子。

一、重智轻德

有的家长过度重视孩子的智育教育，轻视甚至忽略了孩子的品德教育培养。部分家长认为现在生活条件好了，凡事都由着孩子，不管是吃穿，还是购买玩具等方面，只要孩子想要，就会无条件满足。这种只重视成绩而忽视品德、性格养成的教育，造就了很多任性的"小皇帝"，性格急躁，自己的要求一旦得不到满足，就撒泼打滚、任性而为，责任、担当、友爱、感恩的意识非常淡薄，逐渐变成自私自利的模样。

二、重绩轻能

有的家长只看重孩子的学习成绩，不注重孩子其他能力的培养。"一学遮百丑""考上名校就是成功"的思想是造成家长重绩轻能的原因。有的家长教育孩子时经常说一句话：只要好好学习，其他什么都不用管。殊不知这种"学习上的高手"可能是生活中的"低能儿"，这才是害了孩子。我们为什么要开设劳动技术课，主要目的就在于让孩子获得更丰富的体验，与生活产生连接，即使是制作一个小作品、一件小手工，完成后孩子获得的那种成就感是在课本上学不到的，这也是陶行知先生所说"生活即教育"包含的道理。

三、说教大于行动

有的家长在教育孩子过程中仅动嘴，不行动，利用家长的权威，对孩子说大话、讲道理，也就是常见的"三高"问题：高期待、高建议、高依赖。不切实际的期待要求、不合理的建议和不合适的掌控欲，都容易让孩子产生逆反心理，失去自身成长的"内驱力"。正如家长刷着手机，却督促孩子体育锻炼，这样的孩子不可能真正养成锻炼的好习惯。

在清楚上述家庭教育存在的问题的基础上，家长可以定期参加学校或社区组织的家长课堂，还有网上高水平的家庭教育讲座，有选择地学习适合自己家庭情况的家庭教育知识。通过系统学习掌握科学的家庭教育知识，不断提升自己养育孩子的能力，顺应孩子身心成长规律，助力孩子健康成长。

科学助力孩子健康成长

如何做实、做好家庭教育，助力孩子赢在起跑线，结合自己的教育实践，我认为应该做好如下几点。

一、用行动代替说教

央视的一则公益广告表现得很生动：年幼的儿子看见妈妈为老人洗脚，也憨态可掬地给妈妈端来一盆热水。短短几秒钟的视频，却让人热泪盈眶。小孩有样学样的笨拙表现，很好地诠释了家庭教育的最大魅力是行不言之教。换言之，家庭不是讲道理、争对错的地方，成员之间的相互牵挂和牢固的情感连接才是战胜一切困难和矛盾的法宝。

家庭教育的根本目的是教孩子做人，这需要父母学会利用生活中的点点滴滴来引导孩子的成长，懂得用衣食住行、言谈举止来培养孩子良好的习惯，明白用待人接物、明辨是非来塑造孩子的性格。因为，在未来瞬息万变的社会生活中，良好的习惯和温和的性格才是支撑每个人走向成功的核心素养。

　　二、用陪伴凝聚亲情

　　陪伴是最长情的告白。积极的养育风格，高温暖、高支持的育儿方式，可以在成长过程中给孩子提供充实的情绪价值，给孩子带来充足的安全感，这对孩子的心理健康、情绪调节能力和社交能力都会产生积极的影响。

　　我的一位学生家长就是善于陪伴孩子的能手，在家长代表发言时，她并没有讲一番大道理，而是分享如何做好每顿饭，确保每天让孩子吃一个鸡蛋、喝一杯牛奶，用心和孩子聊她的喜怒哀乐，沟通分享学习生活上的点滴。孩子每天都很阳光，发展良好，家长也不焦虑。所以说，陪伴才有感情，从一定程度上讲，教育孩子"关系大于方法"是有一定道理的，因为父母的陪伴、家的温暖，才是孩子形成积极品质的保障。

　　三、用包容赋能成长

　　不要用别人家孩子的成功来定义、约束自己家的孩子，甲之蜜糖，乙之砒霜，合适的才是最好的。

新时代的家长要看得见孩子的成长需求与渴望，听得见孩子的心声与焦虑。当孩子对各种培训班非常抵触、面露难色的时候，家长就应该适可而止了。我们更应该做的，是发现孩子的兴趣爱好，把他的喜欢变成他的特长。孩子的教育"扬长重于补短"，无数孩子的成长故事告诉我们：只要放对地方，人人都能成才。我们要善于用包容赋能孩子的成长，而包容的核心是接纳、尊重、理解和支持。父母的肯定与支持是最好的成长养分，我们需要给孩子提供多样化的资源和机会，给予充分的发展空间，细心观察他们的点滴成长并给予积极的反馈，逐步增强孩子的自信心和上进心，好孩子就是这样夸出来的。

爱孩子是本能，懂孩子才是智慧。愿我们把教育孩子当成最大的事业，用爱去陪伴，用心去呵护，用情去滋养，激发孩子成长的潜能，赋能孩子成为最好的自己。

（济南市长清区凤凰路小学　张庆跃）

积极关系助力孩子健康成长

　　积极心理学研究发现，积极关系有助于人的健康与幸福。所谓积极关系是指在人际交往中建立的支持性、满足感和相互尊重的积极联系，这是一种良性、积极向上的关系，是双向共同成长的关系。人与父母的关系是人生中的第一段关系，是其他所有关系的基础。孩子的成长过程中，父母若能与其建立起积极的亲子关系，就能滋养孩子的身心，促进其大脑发育，引导孩子学会爱与被爱的能力，使其更具幸福感和心理韧性，对孩子一生的成长与幸福都具有举足轻重的意义。建立有利于孩子健康成长的积极关系，主要应从三个方向着手。

摆正关系中的顺序和位置

在生命的长河中，每一个人都有自己的父母和家庭系统，都有自己的顺序和位置，这是生命传承的顺序，是不可逆、不能乱的。只有尊重这个顺序和位置，站对位置做对事，才能有生命顺畅和蓬勃发展的机会。

现实生活中很多家庭之所以出现各种各样的问题，比如夫妻关系不和、孩子叛逆、老人对儿女各种不满意，根本原因就在于这个关系的顺序和位置错了。有的家庭是把亲子关系凌驾于夫妻关系之上，父母时刻以孩子为先，忽略了伴侣，甚至有些夫妻在有矛盾时，争相在孩子面前诋毁对方，这会让孩子非常迷茫、痛苦，不知道该听谁的，不知道该替谁说话，进而导致孩子没有归属感、安全感，体会不到家的温暖。事实上，夫妻关系和谐恩爱是家庭幸福的基石，在一个家庭系统中，夫妻关系应该优先于亲子关系，夫妻恩爱会滋养孩子的身心，会对塑造孩子良好的性格大有裨益。

尊重关系中的界限和感觉

国有国界，地有地界，人与人之间也存在着心理学上的"界限"。在人际交往中，个体要清楚地知道自己与他人的责任和权利范围，既保护自己的个人空间不受侵犯，也不侵犯他人的个人空间。现实生活中，有些家庭里面亲人之间的界限非常模糊，特别是亲子之间。有些父母认为"孩子都是我生的，还有什么是我不能知道的"。还有些父母因为担心、害怕或溺爱等，屡屡突破孩子的边界去包办、替代，致使孩子失去权衡利弊的机会，丧失判断和选择的权利。

清晰的界限感是良好亲子关系的重要保障。孩子的生命虽然来自父母，却同样是一个独立的个体，他有自己的生命历程和人生体验，父母再亲密也不能代替孩子的成长。界限清晰有助于父母和孩子在保持亲密关系的同时，保持各自的独立性和责任感，使孩子在与父母的互动中掌握好进退的尺寸。在自己的界限被尊重和尊重他人界限的过程中，孩子的自尊、独立、责任、担当慢慢被培养出来，而这些是孩子健康成长和幸福人生的必要条件。

积极的亲子关系需要良好的沟通维系

都说孩子是家长的一面镜子，在和孩子沟通的过程中，如果一提到孩子，家长就产生烦躁、气愤、恨铁不成钢等负面情绪，就很难跟孩子心平气和地相处，也就很难建立和谐的亲子关系。而要想拥有和谐的亲子关系，父母必须学会处理好自己的情绪，保持心境平和。其实，父母在养育孩子的过程中，有焦虑、愤怒等负面情绪都是正常的。当感觉到负

积极关系助力孩子健康成长

面情绪时，可以尝试通过深呼吸、离开现场、转移注意力、小口小口地喝水、运动等方式加以调整，让自己能平静面对孩子的各种状况，才能更好地彰显家长的智慧。

为此，在和孩子沟通过程中，家长要注意以下几个方面。一是要注意自己的沟通目的是否清晰，是发泄情绪还是交流感情，是批评指责还是探讨问题。只有目的清晰，亲子沟通才会朝向好的结果进行。二是要态度坦诚。俗话说得好，"百术不如一诚"。有些父母学了一些沟通的话术用在孩子身上，往往效果并不理想，就是因为在和孩子的沟通中缺少坦诚，让孩子感受到家长的自以为是、言不由衷。真正的坦诚是什么？就是把自己担忧、焦虑的原因，以及深藏于内心的话都对孩子说出来，并尝试让孩子给出解除担忧、消除焦虑的办法。当家长真的向孩子敞开心扉时，孩子会接收到父母的尊重，沟通的效果自然会好。三是要学会倾听孩子的表达。所谓倾听就是少说多听，只要能做到这点，就一定能听到孩子的心声，听懂孩子的诉求。在亲子沟通过程中，要让孩子感受到父母的尊重和理解，感受到对他行为的认可与支持，让亲子关系变得更加积极正向。

用积极体验点燃孩子的生命

众所周知，"金无足赤、人无完人"。许多父母习惯性地盯着孩子的不足，总想给孩子补短，导致自身陷入无尽的焦虑之中，因为孩子总会有各种短板显露出来。如果遵循家庭教育的根本任务在于扬长，让孩子的特长更长、优势更优，就会让每个孩子活成自己应有的样子。

随着家庭教育不断被重视，如何提升孩子的内驱力和主动性成为家长普遍关注的问题。脑科学的研究和无数的案例证明，感觉好才是最大的内驱力。

我们努力想让孩子主动积极地学习，可是为什么有那么多的孩子厌学呢？是因为家长多年来让他尝尽了学习的各种苦处、单调、乏味枯燥，尝尽了被否定、被比较、被打击的痛苦，一提学习孩子就是痛苦的、紧张的、恐惧的，当这些负面的感觉达到孩子的承受底线，孩子就想逃离这种痛苦，就不再想上学了。要想转变这种现象，就要帮助孩子建立起对学习的积极性，探索有趣的学习方法，及时肯定孩子在学习中的进步，不断让孩子体会到学习带给他的甜头、乐趣和小成就，从而真正调动孩子主动学习的内驱力。

人是活在感觉中的，感觉好，会被滋养、被吸引，会驱使人心甘情愿地去做事情，这才是激发孩子健康成长最大的内驱力。而积极的亲子关系有助于孩子找到成长乐趣及生命的价值和意义，这与用讨好、护短、溺爱等方式换取的短时

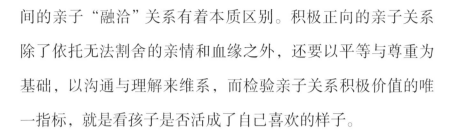
间的亲子"融洽"关系有着本质区别。积极正向的亲子关系除了依托无法割舍的亲情和血缘之外，还要以平等与尊重为基础，以沟通与理解来维系，而检验亲子关系积极价值的唯一指标，就是看孩子是否活成了自己喜欢的样子。

（济南市莱芜区教育教学研究中心 王雪芹）

子女养育有侧重　智慧父母会分工

在孩子成长的漫长旅程中，家庭教育宛如一座灯塔，照亮他们前行的道路。在这一过程中，智慧的父母会通过分工合作，更好地满足子女在不同成长阶段的需求，更能发挥各自的优势，让孩子得到宽严相济的家庭教育。父母之间的相互尊重和支持，也能让子女感受到家庭的和谐与温馨，为他们未来的生活树立榜样。

性格塑造："红脸"与"黑脸"

在性格塑造方面，父母的分工合作至关重要。家庭教育中父母分别扮演不同的角色，一个唱"红脸"，一个唱"黑脸"，这种做法在很多家庭中被广泛应用。"红脸"通常代表着宽容、慈爱和鼓励，而"黑脸"则代表着严格、纪律和规则。这种分工合作的方式，可以让孩子在宽严相济的家庭氛围中感受到一种此消彼长的平衡。

在孩子遇到困难或挫折时，"红脸"家长会及时给予安慰和鼓励，帮助孩子重拾信心。这种温暖的氛围能够让孩子感受到家庭的温暖和安全感，有利于培养他们的自信心和积极向上的心态。与此同时，"黑脸"的家长则会更多地强调规则和纪律的重要性。他们会严格要求孩子遵守家庭和学校的规章制度，培养孩子的自律能力。当孩子犯错时，"黑脸"家长会及时指出并给予适当的惩罚，让孩子明白自己的行为需要承担相应的后果。这种严格的教育方式有助于孩子形成良好的行为习惯和责任感。

然而，这种"红脸"和"黑脸"的分工并不是绝对的。父母双方需要在教育孩子的过程中保持沟通和协调，确保教育方式的一致性和连贯性。如果父母之间的教育方式差异过大，可能会让孩子感到困惑、无所适从，甚至产生逆反心理。因此，父母需要在不同的情况下灵活调整自己的角色，既要保持各自的教育风格，又要确保整体教育目标的一致性。同时，无论是"红脸"还是"黑脸"，都必须以爱为基础。如果运用得当，可以为孩子提供一个既充满关爱又不失纪律的成长环境。

品德培养：父亲的担当与母亲的善良

品德是一个人立身之本，在孩子品德的培养上，父母同样需要分工协作。父亲要以身作则，展现出对家庭的担当、对工作的负责，让孩子明白什么是责任和义务。当家庭面临困难时，父亲要挺身而出，用行动告诉孩子要勇于承担，不逃避、不退缩。

母亲则要以善良和友爱为孩子树立榜样。在日常生活中，母亲要关心邻里，乐于助人，教育孩子关爱弱势群体，学会分享和帮助他人。母亲的言传身教让孩子懂得善良的力量，培养出具有同情心和爱心的人。父母共同营造出一个充满正能量的家庭氛围，让孩子在潜移默化中逐步形成良好的品德。

兴趣培养：父亲的拓展与母亲的支持

孩子的兴趣爱好对于其个性发展和未来的职业选择有着重要的影响。父亲往往具有更广阔的视野和冒险精神，能够带领孩子尝试各种新鲜事物，发现潜在的兴趣点。母亲则通常更加细心和耐心，她们善于观察孩子的细微变化，给予孩子情感上的支持和鼓励。在母亲的陪伴下，孩子能够感受到安全感，从而更加自信地探索自己的兴趣爱好。母亲给予的温暖和理解，有助于孩子在遇到挫折时保持积极的心态，继续追求自己的梦想。同时，母亲往往也是孩子兴趣培养过程中的坚定支持者和有力陪伴者。比如，当孩子决定学习一门乐器或参加某项艺术活动时，母亲会精心安排时间，陪伴孩子上课、练习，给予鼓励和肯定。母亲的支持让孩子在追求兴趣的道路上充满信心，不畏困难。

父母携手创设家庭环境对孩子的兴趣培养同样至关重要。一个从充满书香的家庭中长大的孩子更容易爱上阅读和写作，一个从喜欢户外活动的家庭中长大的孩子则可能对大自然和运动产生浓厚的兴趣。父母的共同参与和鼓励，能够为孩子提供一个多元化的成长环境，使他们有机会接触并尝试各种不同的活动。

生活习惯：父亲的规律与母亲的细节

良好的生活习惯是孩子健康成长的基础。父亲通常更注重生活的规律性，为孩子制定合理的作息时间表，要求孩子按时起床、睡觉、吃饭，培养孩子的时间管理能力和自律意识。母亲则在生活细节上关怀备至，教导孩子如何保持个人卫生、整理房间、搭配衣物等。母亲的细心指导让孩子懂得如何照顾自己，养成整洁、有条理的生活习惯。

有一个关于父母在教育孩子方面分工明确的典型案例：小阳的父亲负责制定作息时间表，详细规划了孩子每天起床、睡觉、运动以及完成作业等活动的具体时间，并根据完成情况给予相应的自由奖励。这种规律的生活方式不仅让小阳养成了良好的时间管理能力，还锻炼了他的执行力。每当时间表上的某个任务到来时，小阳都能迅速而准确地完成，这让他在学习和生活中都表现得非常出色。

而小阳的母亲则在生活细节上对他进行细致的教导。她耐心地教小阳如何正确地刷牙，保持口腔卫生；如何整理书包，确保每天上学所需物品一应俱全；如何叠放衣物，使衣柜井井有条；如何打扫房间，保持居住环境的整洁。通过这些日常琐事的训练，小阳逐渐养成了一系列良好的生活习惯。这些习惯不仅让他在日常生活中更加独立和自律，还让他在与人交往中表现出良好的生活素养。

这些习惯的养成，使得小阳在成长过程中受益匪浅。他不仅在学习上取得了优异的成绩，还在生活中表现出了极高的自我管理能力。无论是面对学习任务还是生活琐事，他都能游刃有余地应对，这都得益于父母在他成长过程中所付出的努力和悉心教导。

社交能力：父亲的豁达与母亲的细腻

社交能力对于孩子的人际关系和未来发展至关重要。父亲的豁达和豪爽能够影响孩子与人交往的方式，让他们学会大气、开朗地对待他人。父亲会带着孩子参加社交活动，教他们如何主动与人打招呼、交流，培养孩子的自信心和胆量。

母亲则更加细腻地关注孩子在社交中的情感变化。当孩子与朋友发生矛盾时，母亲会耐心地倾听孩子的倾诉，帮助他们分析问题，教导他们如何理解他人的感受，如何用恰当的方式解决矛盾，从而提高孩子的人际交往技巧。

总之，子女养育需要智慧的父母根据自身特点和孩子的需求进行分工。本文中所阐述的父母分工并不是唯一的，只是就父母特点的一般情况在此分析。需要强调的是，父母之间的密切配合是以相互尊重和及时沟通为基础的，不管孩子的问题轻重与否，夫妻一方在教育孩子时，不能简单地期望另一方能揣测明白自身的用意，而是应该事先沟通，才会让分工合作变得默契，才能为孩子提供一个宽严相济、奖惩有度、充满爱与智慧的成长环境。

（济南市历城区万象新天学校　张金慧）

听懂特殊儿童的心声

　　人生而平等，每个人来到这个世界都有其独特的使命。作为一个特殊的群体，特殊儿童理应得到社会各界的尊重和爱。尤其是特殊儿童的父母，更应该倾听他们灵魂深处的声音，让他们孤独的心灵得到慰藉和滋养，有勇气走出黑暗，走向光明，看到生活的美好，重拾生活的信心。

　　一方面，父母要听懂孩子的心声，无条件接纳自己的孩子。

　　特殊学校的孩子，大都因为存在听力残疾、视力残疾、心理障碍、智力障碍等问题，而与正常孩子的表现有很多不同之处。例如，听障学生因为耳朵听不见，习惯于以目代耳，只能用眼睛看世界，缺乏声音维度的感知和思考，往往自卑、多疑、猜疑心重，遇到一点儿不如意，心灵就很容易受伤，轻者厌学、逃避，重者抑郁、离家出走，甚至自残、自杀。

特殊孩子的这些缺陷往往让家长苦恼，失去教育的信心。有些家长直接把孩子交给学校，交给老师不管了；有些家长因为小时候给孩子治病花去了家里大部分积蓄，忙于生计，无暇管孩子；还有个别家长因为孩子有缺陷产生羞愧心理，于是抛弃孩子，任其自生自灭，导致孩子错过了最佳康复时期和最佳教育时机。

特殊孩子也是一个活生生的人，同样需要爱和尊重，我们要爱其如是，爱他现有的一切。承认孩子的先天不足，无条件接纳孩子本来的样子。在教育的关键期不违背特殊教育规律，科学康复，医教结合。抓住教育的关键期及时施教，唤醒他们生命内在向上生长的力量，成为众多特殊孩子家长首先要面对的课题。

另一方面，"医—康—教"结合，抓住教育关键期。

特殊儿童的父母要想教育好自己的孩子，首先要懂得特殊教育规律，懂得特殊教育的方法和策略，懂得特殊儿童的康复尝试和训练技巧。所以，作为特殊儿童的父母，注定要付出比别人多得多的辛苦和努力。

特殊教育不同于普教，不能盲目施教，要有的放矢。面对不同残疾类别的特殊儿童，要先去权威医院进行医学鉴定，了解孩子的致残原因和程度，为以后的科学康教找到依据。在医学鉴定的基础上，针对不同残疾类别的儿童实施不同的康复训练、早期干预和缺陷补偿，由专业老师为其制订个别化教育计划（IEP），进行科学施教和训练。

以听障儿童为例，他们语言发展的最佳时间是在两岁以前，因为很多父母并不懂，待到孩子上了三四年级以后再进行"语训"，孩子就很难开口了。语言障碍会导致儿童智力发育迟缓，造成心理的二次伤害。因此，对于听障儿童的干预重点在"早"，言语矫正训练越早越好。

同样，智障儿童、孤独症儿童、视障儿童亦是如此，需要父母抓住训练、矫正、干预的关键时期。有些视力障碍的孩子不会走路，就是因为家长未能在三岁之前进行干预，没有对孩子进行生活自理能力训练，导致孩子入学后在定向行走、感统训练等方面出现困难。作为特殊儿童的家长，要树立正确的特殊教育观念，坚持"医—康—教"结合，不抛弃、不放弃自己应有的责任和义务，才能成为一个合格的好父母。

当然，家有特殊儿童，父母及家人肯定要比普通家长经历更多的艰辛和不易，但只要能让孩子活得开心、精彩，没有生命缺憾，所有的付出就都值得！所以，优秀的父母还需在特殊儿童的生活里扮演好以下几个角色。

一是要成为孩子成长路上有效的陪伴者。陪伴是一种温暖的力量，在你与孩子朝夕相处的过程中，孩子会感受到来自亲情的力量，会在你强大的精神力量鼓舞下有勇气走出那段难熬的时光，走出黑暗，走向光明。作为特殊儿童的家长，应该拿出更多时间陪伴孩子，用高质量的陪伴让自己活成孩子的耳朵、眼睛或其他感官。

从事特殊教育25载，我亲眼见证了很多父母因为孩子放弃自己热爱的工作，全身心地陪伴孩子，把自己活成孩子身体的延续，从而让孩子的生命变得健全、有趣。所谓的"问题孩子"背后，大多都是对孩子不管不顾的家长。我们虽不建议所有家长以牺牲自己、牺牲工作为代价来呵护特殊儿童，只要能在陪伴孩子的过程中尽心尽力，不敷衍，不偷懒，让孩子感受到父母的疼爱、接纳和期待，就是合格的好家长。

二是要成为孩子心声的倾听者。在特殊孩子的家庭关系中，情感的理解和表达往往比道理更为重要。一次家长会上，当孩子们用手语把心里话"告诉"家长时，有位家长抱住中职班的儿子放声大哭，"儿子，妈妈对不起你，妈妈不懂手语，没有文化，20年了，妈妈才第一次知道你心里在想什么……"后来，通过和父母的有效沟通，儿子终于走出青春的泥沼，还顺利考上了大学，实现了自己的梦想。

教育是心灵的艺术，心灵与心灵的沟通是父母与特殊儿童交流的最美方式。对待特殊儿童，我们需要放下逻辑的武器，用眼去洞察儿童的一切行为，用心去倾听他们的情感诉求。面对孤独症儿童，他们或许前一秒还风平浪静，后一秒就暴躁不安、乱跑、乱撞、哭闹，甚至打人、自残等，家长不要因此苦恼不堪，怨天尤人。要先承认孩子是"有病"的，爱发脾气、烦躁易怒是特殊儿童普遍有的反应。作为家长要接纳自己孩子的一切行为表现，并在生活中留心观察并记录孩子的行为特点和规律，通过反复验证，找到孩子闹脾气的真正原因，找到教育的入口，才能真正教育好他们。

三是要成为家校协同育人的积极参与者。没有父母参与的特殊教育，是不完整的教育。特殊孩子的成长离不开学校教育，更离不开家长的支持与合作。

我们要正视大部分残疾儿童缺乏内驱力且外部支持力量不足的现实。这些孩子往往缺乏融入主流社会的自信，因此，家长和教师要齐心协力，形成育人合力，挖掘他们自身优势特长，进而帮助他们认同自己，获得更多的支持性力量，增强心理韧性，激励他们向下扎根，向上生长，为融入社会打下坚实的基础。

特殊教育是一场漫长的修行，特教学校需要家长的支持，特殊儿童的家长也需要学校给予科学、专业的康复指导。只有学校教育与家庭教育步调一致、相互补充，才能互通有无，避免教育的误区、盲区，特殊儿童的生命才会没有"缺憾"。

（济南特殊教育中心　禚基娥）

二孩时代，家长如何平衡
孩子之间的爱

　　随着国家生育政策的逐步放开，二孩、多孩时代随之到来，很多家庭沉浸在幸福喜悦之中，孩子终于可以有个伴了，父母的夙愿终得以实现。但现在家长大多是独生子女，没有与兄弟姐妹相处的经历，更缺少科学处理两个孩子关系的经验和方法，问题骤然来临，家长手忙脚乱，不知所措。很多家长朋友疑惑：为什么大宝如此反感小宝？为什么大宝不能迁就小宝？有些父母抱怨大宝不体谅他人，训斥大宝不懂事，甚至崩溃抓狂，怨天怨地……却忽略了其实大宝也很迷惑，很烦恼，很受伤。如果家长不能读懂大宝的诉求，不会平衡好两个孩子之间的爱，就无法有效陪伴孩子成长。二孩时代，如何平衡孩子之间的爱成了家长不得不面对的问题。

提前铺垫，让爱名正言顺

随着国家生育政策全面放开，很多家庭把二胎列入了计划，开始积极准备，一家人沉浸在一片喜悦的氛围中。殊不知大宝的内心世界已悄然发生变化："弟弟妹妹到来后，妈妈还爱我吗？爸爸还有时间陪伴我吗？弟弟妹妹会不会夺走原本属于我的爱……"如果大宝的恐慌心理得不到父母的及时关注与安慰，就会把一切原因归结到二宝身上，所以大宝就会本能地排斥二宝，自然也不会喜欢二宝。

迎接二宝的到来，作为家长除了做好必要的物质准备，更要做好大宝的思想工作。父母要坦诚告知大宝："弟弟妹妹到来后，爸爸妈妈或许会暂时手忙脚乱，但是爸爸妈妈会一样爱你，平等对待你，绝不会忽略你的感受。"要让大宝感受到，爸爸妈妈要二宝，并不是不喜欢自己，更不是给大宝增加竞争对手，而是爸爸妈妈需要两个宝贝陪伴，这也是父母留给他们最好的礼物，两个孩子彼此陪伴，彼此温暖，相互照应，结伴而行。父母的安慰会让大宝有足够的思想准备，打消顾虑，对于二宝的到来自然就少了敌意，多了期待，这就为将来两个孩子和谐相处奠定了坚实的基础。

转变观念，让爱平等传递

生活中经常看到这样的场景：大宝跟小宝争抢东西，妈妈会训斥大宝："怎么这样不懂事，不知道让着小宝？"；家长给小宝买东西，大宝也要，妈妈经常会呵斥大宝："你都多大了，还跟小宝一样"……每每这时，我们都能看见大宝眼里满是委屈、不满，这样的训斥也会在孩子的心里种下怨恨的种子。作为家长，需要转变教育观念，公平表达对孩子的爱，才能让两个孩子关系融洽，互敬互爱。

首先，家长对于两个孩子要一视同仁、平等对待。对于两个孩子的争执，家长不能武断干涉，更不能一味要求大宝做出让步，而是需要公平处理，大宝的错不姑息，小宝的错要批评。

其次，关注大宝的内心需求。小宝在生活上需要家长更多呵护，更多陪伴，这是情理之中，但不能成为理所当然，因为大宝会有强烈的爱被分享、被剥夺的感觉，并且这种不公平的感受会充斥在生活中的每一个角落。此时的大宝更需要家长的理解、认可与陪伴。家长照看小宝时，可以跟大宝适时互动。一句鼓励的话语，一个会心的微笑，不时地拥抱一下大宝……细微的动作，小小的举动，都能给大宝传递父母的爱，让大宝感受到温暖，获得幸福感、安全感和价值感。

我家小宝到来的时候，大宝已经5岁了，我们十分重视大宝的情绪，关注大宝感受，每次给小宝买婴儿零食时，我们也会征求大宝同意，买一些他喜欢的零食。大宝感受到家长平等的爱，也就感受到自身在家庭中的位置和价值并没有降低。被爱的安全感让大宝快乐成长、阳光自信。后来大宝告诉我们："其实，很多时候我并不需要那些零食，是因为这些零食代表着父母的关爱和重视，你们平等对待，让我感受到家的温馨。"

所以，只有家长转变教育观念，才能平等传递关爱，大宝有了安全感，才会成为家长的助手，而非二宝的对手。

用心引导，让爱相互影响

如何让两个孩子和睦相处，相亲相爱呢？这成为困扰大多数家长的问题。父母在家互敬互爱，相互帮助，相互包容，这是营造良好家庭氛围的基石，更是一种爱的榜样。父母稳定的情绪、和睦的关系，犹如一粒种子在孩子们心中生根、发芽，让他们感受到爱的滋养，在潜移默化中学会相处之道、关爱之法。

我们每一个人都希望被爱，都渴望被重视，孩子自然也不例外。家长需要用心观察孩子们的细微举动，发现孩子们之间的爱，并加以肯定和放大，让爱在孩子之间回荡。我家二宝1岁多的时候，一位奶奶看他可爱，给他一根棒棒糖，儿子很高兴，然后急不可耐地询问："奶奶，姐姐的那只棒棒糖在哪里……"回家后，我眉飞色舞地把这件事告诉大宝并感叹："有个弟弟真好，有弟弟疼爱真好。"大宝很感动，对小宝的爱也就多了几分。父母的及时引导，会使孩子们心有彼此，相互温暖，感情日益深厚。

学会放手，让爱成为习惯

二孩时代，家长要有意识地激发大宝的责任意识，引导大宝做一些力所能及的事情。比如，让大宝陪伴小宝玩耍，帮助父母照看小宝起居……家长要看得见大宝的成长和付出，及时鼓励，多多引导，让大宝获得成长的价值感，让大宝成为二宝的榜样。父母要学会适当放手，给两个孩子创造独享的时光，让两个孩子相互照顾，相互磨合，一起成长。有一次母亲节，小宝5岁，大宝10岁，两个孩子商定亲自下厨给妈妈做一顿爱心晚餐，妻子虽然很担心，但我们最终决定放手让孩子去尝试。两个孩子的菜并不美味，但是相互合作增进了彼此的感情，那一刻，他们不仅仅是亲人，更成为生活中的好伙伴。

孩子成长过程中难免会相互起争执，矛盾发生时，家长需要冷静面对，不能先入为主、武断下结论，更不能偏袒一方。家长应该先分开孩子，平复情绪，再处理问题。引导孩子分别找出自己的问题，冷静之后让孩子思考：这样的行为会给对方带来什么样的伤害，如何避免类似问题的产生……孩子之间的矛盾，只要父母引导得当，都会成为孩子们成长的节点，增进孩子们之间的感情。

二宝时代或多孩时代，诸多问题随之而来。孩子的教育问题没有一定之规，新时代的家长必须放弃固有的思维模式，要看得见每个孩子的渴望与诉求，用心思考，用爱平衡，让爱平等传递，让孩子们学会彼此关爱，相伴成长，这才是父母的智慧。

（平阴县实验高级中学　马　国）

二孩时代，家长如何平衡孩子之间的爱

不与时间赛跑

——面向个体的家庭教育

　　心理学专家李中莹先生曾写过这样一段话：没有孩子，我们的未来很苍白；没有下一代，我们的社会和国家也没有前途。只要我们把生命传递下去，我们就要为世界的未来负责。由此可见，亲子关系的改善是我们人生中一件极重要的事情。

　　影响亲子关系的因素有很多，比如，智能手机和平板电脑的普及，深刻改变了亲子互动的方式，家庭中出现了"数字疏离"，减少了父母与孩子面对面交流的质量和频率。又如，双职工家庭越来越普遍，高节奏生活和学业压力使得父母和孩子都没有足够的时间和精力进行深入的沟通，这使得家长花费在孩子身上的时间相对较少，育儿的焦虑也随之增长。家长越觉得时间不够用，就越过分干预孩子的学习和生活，导致孩子缺乏自理能力和决策能力，这种"直升机式"的教育，给父母和孩子都带来不适。

上述现象无不透露着"快节奏"。再看看下面这些场景你是否经历过：孩子犯错，家长立刻狠狠凶一顿，孩子老实了一会儿，下次继续犯错；孩子穿衣服很慢，或者穿得不利索，妈妈看不下去就伸手代劳；看着孩子查字典很慢，就给孩子买教参书或者直接百度找答案；为了提高孩子的阅读水平，给孩子买阅读题练习，而不是留给孩子时间让他开始真正的阅读……随着时间的推移，当下的"快"逐渐被懒惰所取代，愈是懒惰就愈发不想去做，最终形成恶性循环。父母只能通过唠叨、说教、训斥等负强化的方式与孩子沟通，孩子要么被"驯服"得唯唯诺诺，要么变本加厉地犯错，甚至产生逆反心理。

都说教育要"静待花开"，但是有几个人能够做到安静等待呢？如何在快节奏中慢工出细活，以下有几点建议。

第一，家长要树立"慢"教育的信念。人的成长是一个漫长的过程，教育是一场马拉松而非短跑，家长应摒弃急功近利的心态，回归教育本质，耐心陪伴孩子成长。只有这样，才能让孩子厚积薄发，在漫长的成长路上持续地、有节奏地发力。每个孩子的成长节奏不同，在自己的节奏里成长才不会"顺拐"。

第二，在快节奏的社会中，家庭教育往往被裹挟进一场

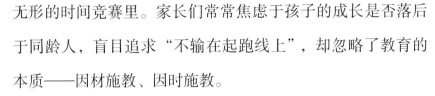
无形的时间竞赛里。家长们常常焦虑于孩子的成长是否落后于同龄人，盲目追求"不输在起跑线上"，却忽略了教育的本质——因材施教、因时施教。

在家庭教育中实现因材施教，关键在于理解和尊重每个孩子的独特性，并依据他们的个人特点制定个性化的教育策略。

所谓"因材施教"，指的是根据每个孩子不同的天赋、兴趣和能力进行个性化教学。因材施教不仅是学校老师要做的，作为孩子的第一任老师，家长对于自己的孩子应该有更深刻的了解。每个孩子都是独一无二的存在，他们的学习方式、接受知识的速度各不相同。家庭教育不同于学校教育，家长更有机会有的放矢地培养孩子。家长应该尊重个体差异，避免用统一的标准衡量自己的孩子，要发现孩子的长处，激发其潜能，引导他们沿着适合自己的道路发展。

而"因时施教"则是指根据孩子不同年龄阶段的特点和心理需求来调整教育方法。幼儿时期重在培养良好的习惯和基本的生活技能；学龄前侧重于启蒙教育，激发孩子好奇心和创造力；青少年期则需注重品德教育，帮助孩子树立正确的价值观，提升独立思考能力和解决问题的能力。家长应当把握好各个阶段的重点，适时给予相应的指导和支持，而不是一味地催促或包办代替。

不论是"因材施教"还是"因时施教",都在强调针对孩子自己的成长步调行走,最终实现"慢"功夫里的"快"人一步。

如何才能因材施教、因时施教呢?每个孩子都有自己的学习偏好:有些孩子可能更适合视觉型学习(如通过图片、图表),有的可能是听觉型(如通过讨论、音乐),还有的是动手操作型(如实验、手工)。家长要在生活学习中慢慢观察孩子的特长所在,取长补短并不可取,扬长避短才是关键。

首先要充分了解自己的孩子,父母需要花时间和精力去观察孩子,倾听孩子的想法,注意他们在日常生活中的行为模式、兴趣爱好,以及面对挑战时的表现。当孩子的想法与自己不一致时,避免过多的说教和责备。通过有效沟通交流,了解孩子的想法、梦想和担忧,更全面地认识孩子。

其次,在充分了解孩子的基础上,结合孩子的成长特点,设定合理期望,为他们设立既具挑战性又可达成的目标。目标应该是具体的、量身定制的。"因材"而定,能够激励孩子努力,但不至于让他们感到压力过大。要定期与孩子反馈交流,并根据需要调整目标。成长是一个试错的过程,要允许他们在达成目标的过程中反复出现错误,家长要耐心、及时地帮助孩子调整方向,"因时"而动。在这个过程中,孩子会意识到父母始终在陪伴着他,家庭是他最坚实的后盾。

最后，目标确定好后，根据孩子的兴趣和需要，父母可以提供必要的资源与支持：相关的书籍、工具或者课程，鼓励孩子探索和发展他们的兴趣爱好，为他们创造机会接触新事物，拓宽视野。这里所说的支持还有必要的情感需求，如孩子在实现目标的过程中产生了畏惧心理，想退缩，家长就需要给予情感支持与正面反馈，始终给予孩子无条件的爱与支持，无论成功还是失败。使用积极的语言鼓励，强化他们的优点和进步，减少批评和负面评价的影响。这些应对挫折和压力的策略，都将帮助他们建立积极的情绪观，提高抗挫力，认识自身优势和待改进之处，更好地实现目标。

在"静待花开"的过程中，要调动孩子的主观能动性，家长应合理运用权威，避免过度干涉。更多地鼓励孩子自主学习，比如时间管理和组织能力，培养他们的自信心和独立性。鼓励孩子提问，表达意见，勇于尝试，从错误中学习。如果父母对孩子的生活和学习过度关心和干涉，会让孩子感受不到自我认同和价值感，认为学习是为了父母而学，而不是为了自己的梦想。

花有花期，春桃清甜、夏荷淡雅、秋菊高洁、冬梅傲雪，顺应时节，每一朵花才绽放出最美的姿态。人有时运，不与时间赛跑，让每一个孩子经历风雨，在自己的花期中长大，他才会呈现出最自然、最美好的样子。

（济南市历下区盛景小学　高　献）

"做家务"让孩子获得不一样的成长体验

现实生活中，我们常常会目睹一些习以为常却又发人深思的场景：孩子的小书桌上杂乱无序，书本、作业随意堆放；孩子的小床上凌乱不堪，被子、袜子乱作一团；放学归来书包、衣服顺手一放……相信很多家长对这些场景都非常熟悉。虽然有些家长对孩子的表现也有怨言，但总会以"孩子还小，大一点儿再教他吧""平时也经常唠叨，可是孩子不听啊""让孩子做家务，还不够添乱的呢"等理由进行自我安慰。

然而，随着孩子慢慢长大，我们会惊异地发现，不会做家务的孩子缺乏责任意识和面对困难的勇气，不懂得感恩父母。邻居家孩子就是这样一个典型的例子：孩子从小被父母捧在手心里，过着衣来伸手、饭来张口的生活，家中的一切家务都由父母包办，结果当邻居生病时，孩子不但不知道安慰，反而埋怨家长没给自己做饭，让邻居崩溃落泪。

长期不让孩子做家务，孩子便会将父母的付出视为理所当然，毫无感恩之心。因此，做家务对于孩子而言，并非一种可有可无的活动，而是一种蕴含着深刻教育意义的实践。它犹如一把神奇的钥匙，能够帮助孩子养成四种难能可贵的意识，让孩子获得更多难忘的成长体验。

首先，责任意识是孩子走向成熟的重要标志。家庭就像一艘在海洋中航行的大船，每个家庭成员都是船上的水手，都有责任为船的平稳前行贡献自己的力量。做家务，便是每个家庭成员应承担的基本责任之一。由于年龄和劳动能力的差异，每个成员所承担的具体家务内容会有所不同，但这绝不意味着有成员可以置身事外。比如，年幼的孩子可以负责整理自己的小书桌、收拾玩具，随着年龄增长，逐渐承担起扫地、洗碗等更多的家务。通过参与家务劳动，孩子能够清晰地认识到自己在家庭中的角色和义务，明白自己的一举一动都与家庭的和谐运转息息相关，从而逐渐成长为一个有担当的人。

其次，感恩意识是孩子心灵深处的暖阳。在这个世界上，没有谁有义务无条件地为他人付出，即便是父母对子女的爱，也不应被视为理所当然。当孩子亲身参与家务劳动中时，他们才能真正体会到每一项看似简单的家务背后，都蕴含着父母的辛勤汗水和心血。他们会在擦拭家具的劳累中，理解父母日常保持家庭整洁的不易；会在清洗衣物的烦琐中，感受到父母对家庭无微不至的关怀。这样，孩子才会在心底深处滋生出对父母、对家人的感恩之情，学会珍惜他人的付出，并用一颗感恩的心去对待身边的人和事。

再次，劳动意识是孩子热爱生活的催化剂。热爱劳动一直是人类传承不息的传统美德，正是无数先辈用勤劳的双手，创造了辉煌灿烂的人类文明，并推动着社会不断向前发展。在家庭这个社会的基本细胞里，劳动同样具有不可替代的价值。它不仅能够创造一个整洁、舒适的生活环境，还能让家庭生活充满生机与活力。孩子在参与家务劳动的过程中，能够亲身感受到劳动所带来的变化和成就感，从而激发他们对劳动的热爱和尊重，为他们今后积极参与社会劳动奠定坚实的基础。

最后，克难意识会让孩子生命更具韧性。当孩子初次尝试做家务，或者在做家务的过程中，遇到各种各样的困难和挑战，也许是整理床铺时总是无法将被子叠得整齐美观，也许是扫地时难以清扫干净角落的灰尘，这些看似微不足道的小麻烦，却是培养孩子克难意识的绝佳机会。在克服这些困难的过程中，孩子需要不断地思考、尝试新的方法，逐渐培养起坚韧不拔的意志力、持之以恒的毅力和耐心，学会在面对挫折时不轻易放弃，而是勇往直前地去战胜困难。

既然家务劳动对孩子的成长有着如此深远的意义，那么作为家长的我们，应该如何引导孩子积极参与家务劳动呢？

一是要培养孩子的主人翁意识。我们可以通过召开家庭会议的形式，让孩子充分参与家庭事务的讨论。在会议上，大家共同商讨制定家务劳动分工表。每个家庭成员都可以发表自己的意见和建议，根据各自的时间、能力和兴趣，确定每个人所承担的家务任务。这样的方式能够让孩子感受到自己是家庭的重要一员，家庭事务与自己息息相关，从而增强他们对家庭的归属感和责任感。例如，在我们家的家庭会议上，孩子积极地提出自己想要负责浇花和喂宠物，因为他对小动物和植物有着浓厚的兴趣。自从承担了这些家务后，他每天都会主动去照顾它们，仿佛自己是一个小管家，充满了成就感。

二是要遵循适度原则。根据孩子的年龄和实际劳动能力，合理分配家务任务，确保任务是孩子力所能及的。对于年幼的孩子，可以从一些简单的自我服务性家务开始，如前面提到的整理床铺、清理书桌、放置衣物等。随着孩子年龄的增长和能力的提高，再逐渐提高家务的难度和复杂性，如帮忙做饭、洗衣服等。这样既能让孩子在劳动中得到锻炼和成长，又不会因为任务过重而产生抵触情绪。

三是要注重亲子沟通。在孩子参与家务劳动时，要注意与孩子沟通的方式方法，避免引起孩子的逆反心理。不要对孩子的劳动量做过多的硬性规定，而是要与孩子进行平等、友好的协商。尊重孩子的意愿，让他们能够根据自己的喜好自由选择想要承担的家务。同时，也要摒弃用物质奖励来激励孩子做家务的做法。虽然物质奖励可能会在短期内让孩子更积极地参与家务劳动，但从长远来看，容易让孩子形成错误的价值观，认为做家务是一种获取报酬的手段。相反，我们应该及时给予孩子具体的、真诚的鼓励，让孩子感受到自己的劳动得到了认可和尊重，从而激发他们内心的成就感和继续劳动的动力。

四是不要把做家务作为惩罚孩子的手段。一旦孩子将做家务与惩罚联系在一起，他们就会对家务劳动产生厌恶和反感。这样，原本具有积极教育意义的家务劳动，就会变成孩子心中的"苦差事"，失去了其应有的价值。我曾经见过一位家长，因为孩子考试成绩不理想，就罚孩子连续一周打扫家里的卫生。结果，孩子不仅对家务劳动产生了抵触情绪，而且对学习也更加反感了。

最后，也是非常重要的一点，孩子在做家务的时候，家长不能做旁观者，而是要积极参与其中，与孩子一起营造一

184

种充满仪式感和荣誉感的家务劳动氛围。比如，在周末的大扫除中，全家人一起分工合作，播放欢快的音乐，一边劳动一边聊天，分享彼此的趣事和感受。当完成劳动任务后，大家一起欣赏整洁干净的家，感受劳动带来的成果和喜悦。这样的家庭劳动时光，不仅能够增进亲子关系，还能让孩子更加深刻地体会到家务劳动的乐趣和意义。

家务劳动是我们给予孩子最贴近生活、最实用且最具深远意义的教育。父母应该摒弃那些关于孩子做家务的错误认知，鼓励孩子自愿、主动地参与家务劳动，继而让孩子获得更多的成长体验，让自己的生命变得丰盈且有趣。

（山东省实验小学　郑国栋）

参考文献

［1］　黄伟芬：《读懂学生　幸福成长》，《中小学班主任》
　　　　2024年第21期。

［2］　张晓茹、李维娜：《童心欢畅　幸福成长》，《新少年》
　　　　2024年第6期。

［3］　马宁：《"育"见幸福成长，实现双向"衔"接》，《教
　　　　育家》2024年第2期。

［4］　李艳：《生态系统理论视角下小学生家庭教育的困境与
　　　　实施策略》，《求知导刊》2024年第23期。

［5］　王增宏：《家庭教养方式对小学生成长的影响及策略浅
　　　　析》，《甘肃教育研究》2024年第12期。

［6］　汤钧：《家庭教育对小学生心理健康的影响及对策研
　　　　究》，《考试周刊》2023年第50期。

［7］　张国龙、薛秀娟、耿杰、张伟钰：《成长中的重要
　　　　"性"——青少年性教育健康知识》，《家庭医学（下半

月）》2022年1月。

［8］ 杨旭霞：《初一班主任如何做好学生小升初的衔接教育》，《教育观察》2013年第15期。

［9］ 张璇：《家庭教育中的爱和规则——做好小升初开学家长第一课》，《新课程导学》2023年第16期。

［10］ 杨筠：《试论新课改背景下小升初有效衔接的策略》，《2023教育理论与管理第二届"高效课堂和有效教学模式研究论坛"论文集（三）》。

［11］ 陈鹏：《如何跨越小升初》，《光明日报》2021-09-21。

［12］ 边玉芳：《读懂孩子赢在"起跑线"》，《中国教育报》2015-06-05。

［13］ 王晓燕：《中国家庭教育中父母语言的功能探析》，《大连大学学报》2024-08-16。

［14］ 张大均：《教育心理学》人民教育出版社。

［15］ 吴增强：《中小学生心理教育》上海科学技术出版社。

［16］ 马青：《小学生良好阅读习惯的培养》，《贵州教育》2005年第13期。

［17］ 王静：《引导孩子养成锻炼习惯，家庭不能缺位》，《中国教育报》2024-10-24。

［18］ 张媛媛：《家庭教育应重视体育运动》，《中国校外教育》2012年第35期。

［19］ 王东风：《给学生家长的几点建议》,《教育理论与实践》2008年第5期。

［20］〔英〕约翰·洛克：《教育漫话》武汉出版社。

［21］ 王东华：《发现母亲》中国妇女出版社。

［22］ 尹建莉：《好妈妈胜过好老师》作家出版社。

［23］ 李文超、徐秋秋：《教练式父母：给孩子大一号的爱》中华工商联合出版社。

［24］〔美〕沙法丽·萨巴瑞：《家庭的觉醒》上海社会科学院出版社。

［25］ 沈奕斐：《做对"懒"爸妈养出省心娃》中信出版社。

［26］〔美〕亚当·奥尔特：《欲罢不能：刷屏时代如何摆脱行为上瘾》机械工业出版社。

［27］ 银子：《呵护云端的孩子》中信出版社。

［28］〔美〕卡罗尔·德韦克：《终身成长：重新定义成功的思维模式》江西人民出版社。

［29］ 许维素：《创造改变的动能——赞美的充分运用》,《心理技术与应用》2015年第2期。

［30］ 薛颖、许晓晴：《"赏识"使孩子获得奋进动力的策略探究》,《教师教学能力发展研究》科研成果集（第七卷）。

［31］ 欧阳维建：《爱能赢合格父母考级专用教材》广东教育出版社。

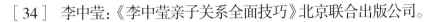

［32］ 曾光、赵昱鲲：《幸福的科学》人民邮电出版社。

［33］〔美〕马丁·塞利格曼：《持续的幸福》浙江人民出版社。

［34］ 李中莹：《李中莹亲子关系全面技巧》北京联合出版公司。